Maria Anna Leenen

# Einsam und allein?

*Eremiten in Deutschland*



Aschendorff Verlag Münster

*Für Josef Ortscheid SJ in Dankbarkeit*

*Umschlagmotiv: „Jesus Christus siegt"*
*Detail eines Wandgemäldes von Peter Wunsch*
*aus der Kapelle einer deutschen Eremitin*
*Foto: Thomas Osterfeld*

Erweiterte Neuauflage des in 1. Auflage im St. Benno-Verlag (Leipzig 2001) erschienenen gleichnamigen Titels



Gesamtherstellung: Aschendorff Medien GmbH & Co. KG, Druckhaus
Münster, 2006

Gedruckt auf säurefreiem, alterungsbeständigem Papier ♾

ISBN 3-402-00235-3

# Inhaltsverzeichnis

# Vorwort zur Neuauflage

Seit der 1. Auflage des Buches 2001 sind fünf Jahre vergangen und der Neuaufbruch des eremitischen Lebens wird zunehmend in der Öffentlichkeit wahrgenommen. Meist nur aus Neugier an diesen „Exoten“ sind es doch auch immer wieder ernsthafte Fragen, die den Schwestern und Brüdern in dieser neuen alten Form der Nachfolge Jesu Christi gestellt werden. Damals, 2001, bestand zunächst Skepsis, ob ein Buch nur über Einsiedler in Deutschland sinnvoll sein könnte.

Obwohl selbst in dieser Form der Nachfolge lebend, wusste ich konkret nur von zwei Frauen, die ein eremitisches Leben nach Canon 603 des Kirchenrechts (CIC) führten. Doch das Interesse wuchs und so begann eine Detektivarbeit quer durch Deutschland, die auch das eigene geistliche Leben herausforderte, bereicherte und stärkte. Anfragen wurden an Ordensreferenten losgeschickt, Bücherberge in verschiedenen Bibliotheken durchforstet, eine Bitte an Freunde ausgesprochen: Brauche Infos über Eremiten. Habt ihr was? Allmählich sammelte sich auf dem Schreibtisch einiges an. Bücher, stapelweise Kopien, Briefe, Notizen. Das Bild eines faszinierenden, verborgenen Aufbruches begann sich abzuzeichnen, das mit jeder Information interessanter und bunter wurde. Manchmal war es eine winzige Spur – nur die Anmerkung in einer Festschrift –, die zu einer konkreten Adresse führte. Oder eine Freundin schrieb aus dem Urlaub, hier gäbe es Eremiten, ob ich die Anschrift wolle? Manche Spuren verliefen im Sand. Briefe kamen zurück mit dem Vermerk: Empfänger unbekannt, verzogen oder verstorben. Auch wurden Anfragen per Telefon höflich, aber bestimmt abgelehnt. Doch nach und nach entstanden Kontakte, Besuche wurden vereinbart, und Menschen erzählten von ihrem Leben in der Zurückgezogenheit. Erzählten von ihrem Beten, Kämpfen, vom Ausharren und von der Erfahrung, die Schätze der Wüste zu entdecken.

Alle Texte des Buches versuchen aus verschiedenen Blickwinkeln eremitisches Leben nach c. 603 CIC darzustellen. Im ersten Teil lassen sechs Porträts, ein Interview, ein Brief und zwei Kurzberichte Menschen zu Wort kommen, die in sehr unterschiedlicher Form und Intensität als Einsiedler oder Einsiedlerin leben. Vollständig und umfassend ist das Bild nicht, das die Texte malen. Aber einige Grundzüge dieses Lebens werden deutlich, und die Intention, die hinter der Entscheidung stand, eremitisch zu leben, leuchtet auf. Diesen Portraits und Berichten schließt sich in Teil II die Interpretation eines Textes aus dem Weltkatechismus an. Sie möchte einzelne Punkte vertiefen, versucht in Kurzform verschiedene Bereiche der Spiritualität anzusprechen und beginnt mit einer gerafften Übersicht über die Kirchengeschichte des Eremitentums, wobei die östliche Ausprägung ausgespart wurde. Das Schlusskapitel wurde komplett neu geschrieben. Es greift einige aktuelle Fragen auf und wirft besonders einen Blick auf die Xeniteia, das Fremdsein des Christen in der Welt. Dieser Begriff ist, wie mir scheint, ein Schlüsselbegriff für das Leben als Diözesaneremit. Der Beitrag zum Eremitencanon c. 603 von Frau Universitäts-Professorin Dr. Marianne Schlosser, Wien, zeichnet zum Schluss den Werdegang der rechtlichen Anbindung der Einsiedler auf als Prozess einer Spiritualität von unten und deren Niederschlag im CIC.

Das Bild der Eremiten ist in der Öffentlichkeit immer noch mit Klischees übertüncht. Die Texte dieses Buches versuchen dagegen reale Menschen zu zeigen. Menschen, die sich nicht als Exoten verstehen oder als Anachronismus, sondern die sich mit ihrem ganzen Sein in Dienst genommen wissen. In den Dienst eines Lebens des Gebetes und der Buße in schöpferischer Ausfaltung der Taufgnade durch das Leben in den evangelischen Räten. Zugleich aber in der Verantwortung für den eigenen Unterhalt weitestgehend selbst zu sorgen ohne stützende Gemeinschaft. Diese Lebensform der Diözesaneremiten beginnt erst langsam schärfere Konturen zu entwickeln. Viele, die diesen Weg schon gehen oder ihn beginnen wollen, versuchen tiefer die Bedeutung dieser zeichenhaften Existenz zu begreifen, versuchen stärker zu erspüren, was eremitisches Leben im 3. Jahrtausend bedeutet, wie es zu gestalten ist. Es geht ja nicht darum, das Leben des Mönchsvaters Antonios zu imitieren oder die Frömmigkeit einer Wilbirg, einer Juliana von Norwich oder des Bruders Klaus nachzuahmen. Die uralten Begriffe der Wüstenväteraskese wollen für heute erfahren, umgesetzt und täglich gelebt werden. Und das im deutschsprachigen Raum des 3. Jahrtausends, der gesellschaftlich, wirtschaftlich und politisch, also mit all den stark veränderten soziokulturellen Gegebenheiten von heute nicht nur das Umfeld des Eremiten ist, sondern ihn wie alle Menschen von Geburt an zutiefst prägte und ständig beeinflusst.

Die Praxis eines Lebens besitzt Vorrang vor aller Theorie: diese alte Weisheit sollte beim Leser im Hinterkopf bleiben, wenn die Portraits und Berichte, wenn der kurze Aufriss eremitischer Spiritualität ihn das Buch mit Gewinn lesen und nachdenklich aus der Hand legen lässt. „Einsam und allein. Eremiten in Deutschland“ will nicht mehr als dies: Ein Schlaglicht werfen auf eine neue und faszinierende Art dem Herrn zu folgen, das betende Nachdenken anregen und ab und zu auch die Diskussion unter den Schwestern und Brüdern und einen kleinen Impuls geben zur Erneuerung des geistlichen Lebens in der Kirche von heute.

Dass dies möglich wurde, dafür sei dem Verlag Aschendorff und seinem Lektor, Herrn Winfried Daut, ein herzlicher Dank gesagt!

Ostern 2006

*Maria Anna Leenen*

## Das radikale Du zu Gott

Wer bei uns in Mitteleuropa etwas von Eremiten, von Einsiedlern hört, denkt wohl zuerst an Zeichnungen, an Holzschnitte, auf denen die Künstler der Romantik den Klausner in der Waldeinsamkeit darstellten. Vielleicht taucht bei dem Einen oder Anderen, wie zum Beispiel auch bei mir, eine verschämte Sehnsucht nach solch einer Einsiedler-Existenz auf: abseits der Unruhe des Alltags, vom Lärm und Gestank der Autos, von der hetzenden Arbeit, abseits auch von der anonymen Masse, in die man eingezwängt ist. – Ach, wie schön wäre es, das kleine Blumengärtlein vor der Tür zu pflegen, dabei gemächlich dem Wachsen der Pflänzlein zusehen zu dürfen, mit allen Tieren auf Du und Du. Doch schnell wird klar: Dahinter liegt keine Sehnsucht nach Einsiedlertum, sondern schlicht und einfach eine Augenblicksstimmung von Welt-Überdruss und Welt-Flucht, die bald vorüber sein wird.

Doch vielleicht taucht auch ein anderes Bild auf: der hinduistische Mönch, der die ersten Stufen religiöser Existenz durchschritten hat – Schülerdasein, Aufbau einer Familie, Leben in einer Mönchsgemeinschaft – und der nun auf der letzten Stufe zum Bettelmönch wird. Er beginnt in der Einsamkeit ein Leben zu führen, das nur der Askese, der Selbstabtötung, dem Abwerfen aller Abhängigkeiten gewidmet ist. Kaum jemand wird sich bei uns danach sehnen, aber Bewunderung für diese Radikalität steigt schon auf. Aber auch hier gilt: Dieses Einsiedlertum kann für uns kaum ein humanes und auch kein christliches Ideal sein.

Mit der Spannweite Idyll – Radikalität wird nur die Außenseite des Eremitentums umrissen. Christliches Eremitentum hat eine Mitte: das bewusste Stehen vor dem Gott, der in persönliche Beziehung zum Menschen tritt. Diesem Gott, der mich, den winzigen Menschen, liebt, stellt sich der christliche Eremit mit seiner ganzen Existenz. Im Blick auf dieses Je-persönliche-Stehen vor Gott wirkt ein oft gehörter Einwand fast banal: Hier werde das Gebot der Nächstenliebe missachtet, aufgrund dessen der Herr doch das letzte, entscheidende Urteil sprechen wird: „Was ihr dem geringsten meiner Brüder und Schwestern getan habt, das habt ihr mir getan." (Mt 25,40)

Das Zweite Vatikanische Konzil lehrt über den Ordensstand im allgemeinen, dass er schon durch seine bloße Existenz „die himmlischen Güter, die schon in dieser Zeit gegenwärtig sind, das neue und ewige, in der Erlösung Christi erworbene Leben" (Kirche, VI,44) für jeden Menschen bezeugt. Dieses Zeugnis gilt ebenso für den Eremiten. Durch seine Existenz zeigt er, wie wichtig ihm das DU zu Gott ist, „predigt" er, gibt vor den Menschen Zeugnis von der Bedeutung, die Gott im Leben eines jeden Menschen hat.

In der Dimension des „Mystischen Leibes" hat auch die soziale Ebene der Einsiedler-Existenz ihren Grund. Diese Radikalität sagt nicht zuletzt: Nimm das Wissen um die schiere Unendlichkeit des Kosmos und die Winzigkeit deiner Existenz ganz und gar ernst und stelle dich diesem Gott, der dich ganz persönlich liebt und im Gebet mit dir persönlich Zwiesprache sucht. Das Bewusstsein dieses dialogischen Zusammentreffens der unsagbaren Größe, der Unendlichkeit Gottes mit der doch so zufällig scheinenden eigenen Existenz kann zu einem härteren „Kampf" werden, als ihn die alten Mönche mit ihren „Dämonen" führten.

So wie Mose auf dem Sinai erfährt, dass Gott seine Hand über ihn halten wird, dass er aber das Angesicht des Herrn nicht schauen kann, „denn kein Mensch kann mich sehen und am Leben bleiben" (Ex 33,20), so ist auch jede wahre Gottesbegegnung von einem Zug des „Nur-Nachschauens" geprägt. Johannes vom Kreuz nennt es „Dunkle Nacht". Martin Luther spricht von Anfechtung, die zum wahren Glauben, zur wahren Gotteserfahrung gehört. Therese von Liseux klagt über die Mauer zwischen „Gott und mir". Meister Eckhart weiß, man muss Gott um Gottes willen lassen. Gott lässt sich nicht festhalten und wie eine Computer-Nachricht auf

Diskette speichern. Vielleicht ist dies auch ein Geburtsfehler der „Neuen Religiosität", dass sie vor dem lebendigen Gott, den niemand in die Hand bekommen kann, zurückweicht.

Der christliche Einsiedler aber wird es über kurz oder lang existentiell erfahren, dass er Gott nicht in den Griff bekommt, dass Gott immer noch größer und anders ist als alles, was er bisher erfahren hat. Auch die unheimliche Geschichte der Gottesbegegnung im Ringkampf mit dem Engel aus der Genesis (Gen 32,24) zeigt, wie Gotteserfahrung zum Kampf werden kann, zum Kampf auf Leben und Tod. Damit wird das Schwärmen über die geruhsame Waldeinsamkeit zurechtgebogen. Sicher, es gibt auch für den Einsiedler eine Gottesbegegnung, die voller Glück ist. Aber das ist nicht das Ganze und nicht das Entscheidende. Das radikale Du zu Gott, in dem und aus dem der Einsiedler lebt, ist eine Anfrage an den Glauben von uns allen. Was bedeutet dieses Du zu diesem Gott, zu unserem dreifaltigen und einzigen Gott? Sind doch selbst die zehn Gebote „nur" Schleier und soziale Konkretisierung für diese ihre kraftvolle Mitte: „Ich bin der Herr dein Gott ... du sollst keine anderen Götter neben mir haben!" (Ex 20,2) Geht es nicht auch um fremde Götter, wenn ein Christ sich „nur" an Gebote und Vorschriften hält, aber vergisst, dass es um den lebendigen Gott geht?

Keiner darf dieser Frage ausweichen. Und sollten nicht der Eremit und die Eremitin in der radikalen Lebensausrichtung auf das „Du" Gottes berufene Wegweiser zu diesem Gott sein? Ihn suchen doch – bewusst oder anonym – alle Menschen! Ihn verehrt der christliche Glaube als Mitte und zugleich Umfang des gewaltigen Kosmos. Er hat uns, mich, in diesen Kosmos hineingeschaffen und durch Jesus Christus die Tür geöffnet, ihm zu begegnen. Ihn stellt der Eremit, die Eremitin in die Mitte des Lebensentwurfes. Mögen die Texte dieses Buches uns allen dergleichen vermitteln.

*P. Josef Sudbrack SJ*

*Teil I*

# EINE PALETTE AUS VIELEN FARBEN

*Ein buntes Bild, ein Blick auf Menschen, deren Leben vielfach als exotisch und romantisch gilt oder mit einem Glorienschein a priori ausgestattet wird – die folgenden Texte versuchen in sehr unterschiedlicher Weise eremitisches Leben darzustellen. Umfassend ist das Bild nicht, viele Schattierungen fehlen. Müssen fehlen, denn die Palette dieser Lebensform besteht aus so vielen Farben, wie es Eremiten, Einsiedlerinnen und Klausner gibt. Jeder und Jede hat seine ganz persönliche Ausprägung, seinen Lebensstil und seine Vorstellung von Aufgabe und Dienst.*

## Die Klause im Wald

Hoch oben unter dem Dach ist die Kapelle. Zwei dunkelbraune Balken durchziehen den spitzen Winkel der Schrägen. Boden und Wände sind mit Holz verkleidet. Ein dreieckiger Raum, klein, lichtdurchflutet.

Draußen rauscht der Wind durch die kahlen Eichen und Linden. Ab und zu blitzt ein Flügelpaar vor den winzigen Fenstern auf, wenn sich Meisen und Buchfinken vom Dachfirst in die Tiefe fallen lassen. Den Boden bedeckt ein Wollteppich. Ein schlichter Stuhl steht neben der Tür, ein Hocker an der Seite, darauf das monastische Brevier. Links ein großes Bild von der Muttergottes von der Immerwährenden Hilfe, rechts eine Osterkerze, im Schnittpunkt des Kreuzes eine fein herausgearbeitete Dornenkrone. Ein kleines Ewiges Licht, am Fensterbalken ein Kreuz – und überall Stille, die durch die Poren dringt.

Im Sommer, wenn die Blätter das Licht nur noch grün gefärbt in den Raum einlassen, muss es hier wie ein Vogelnest sein. Hoch oben unter dem Dach, still, verborgen und sehr lebendig.

Die Eremitin sitzt unten im Besuchszimmer. Mitten in unserem Gespräch kam eine Frau, die einen Menschen brauchte, der zuhören kann. So sitze ich hier allein, lausche dem Wind und versuche zu beten.

Die Spannung war groß, als der Zug heute Morgen in die kleine Bahnstation einlief. Die Schwester stand an der Treppe zum Ausgang. Eine schmale, zierliche Gestalt, ein waches, kluges Gesicht. Ich schätzte sie auf Anfang Fünfzig, höchstens 55 Jahre. Später erfuhr ich, sie ist über sechzig. Wir fuhren mit ihrem Auto, „der alten Rostlaube“, wie sie sagte, durch strömenden Regen zu ihrer Klause.

Eine sanft von Hügeln durchzogene Landschaft, ab und zu tauchte ein größerer Hügel auf, darauf alte Burgen, Ruinen. Eines der alten Adelsgeschlechter stiftete das Wallfahrtskirchlein, an das dann später die Klause angebaut wurde. Die Eremitin erzählte, dass der Wallfahrtsort schon über 400 Jahre existiere; seit über 100 Jahren seien Eremiten nachweisbar.

Mitten im Wald tauchte sie dann auf, die Klause mit der Kapelle, umstellt von Schuppen, einem Kreuzweg und mächtigen, alten Bäumen. Innen umfing uns die Wärme eines Ofens. Das Holzfeuer flackerte, die Schwester kochte Tee, und langsam wich die klamme Kälte aus den Knochen. Und dann klopfte es leise an der Haustür. Ein Mensch brauchte jemanden, der zuhört.

Die Schwester ist Konvertitin. Vor vielen Jahren stieß sie durch intensives Studium des Neuen Testamentes und frühchristlicher Literatur auf die eremitische Lebensweise. Eines Tages sei für sie der Punkt gekommen, wo ihr aufgefallen sei, dass Jesus für sie mehr bedeutete als einen Versuch, das Leben der Mitmenschen erträglich zu gestalten. Irgendwann war ihr klar, sie wollte ein Leben führen, das ganz dem gewidmet ist, was der heilige Benedikt mit Gottsuche beschreibt. Benedikt hält sie sowieso für einen ausgezeichneten Lehrmeister für Einsiedler. Besonders die Intensität der ersten Mönche hat sie angezogen. Eine Frage ließ sie dabei nicht los: Wie kann ich meinen Alltag so gestalten, dass Gott nicht nur am Rande steht, nur zurzeit des Gottesdienstes „da“ ist, sondern dass sich das Leben um Gott allein dreht? Sie ist dann katholisch geworden, hat mehrere Monate in einem großen Frauenkloster mitgelebt. „Es hat mir den Atem genommen! So neunzig Frauen und immer alle zusammen – schrecklich!“ Bei der Erinnerung muss sie immer noch lachen, obwohl es jetzt schon über 30 Jahre her ist. Freunde hätten beim Gedanken an das Kloster oder gar an das Eremitentum abgewunken. Sie solle erstmal Wurzeln schlagen in der Kirche. Das andere würde sich schon finden. Nach langem Suchen hat sie dann eine kleine, benediktinische Gemeinschaft gefunden. Zu diesem Kloster gehört sie bis heute, ein bis zweimal im Jahr fährt sie dorthin.

Der eremitische Gedanke kam nie ganz zur Ruhe. Auch in den Jahren des benediktinischen Ordenslebens nicht. War es vielleicht nur ein innerer Stachel, an dem sie ihre ganz persönliche Form, Benediktinerin zu sein, zu messen hatte? Oder war es ein wirklicher Ruf, dem sie folgen sollte? „Irgendwann habe ich dann gespürt, du musst dem nachgeben." An diesem uralten Wallfahrtsort lebt sie seit vielen Jahren. Mit ihrer Gemeinschaft ist sie weiterhin verbunden. Nicht nur durch die Besuche oder das tägliche Stundengebet, das sie, soweit möglich, nach der alten Gebetsordnung betet. Links in der Kapelle neben dem Allerheiligsten hängen kleine, vergilbte Türzettel. Sie erinnern täglich an die Namen der verstorbenen Mitschwestern. Die Eremitin betet für sie und mit ihnen. Aber auch für die Menschen, deren Namen auf den Zetteln stehen, die direkt vor dem Allerheiligsten auf dem Boden liegen. Die Gemeinschaft mit den Toten und die Verbundenheit mit den Lebenden ist ständig präsent.

Auf der Treppe ist ein leichter Schritt zu hören. Die Frau, die vorhin klopfte, ist gegangen. „Jetzt habe ich Zeit für Sie", sagt die Schwester und zeigt mir ihre Klause. Wie angeklebt an die Rückseite der Kirche reicht die Klausnerwohnung schmal bis unter das Dach. Auf der ersten Etage unter der Kapelle ein etwas größerer Raum mit Schreibtisch und einigen Büchern. Im angrenzenden winzigen Zimmer das Bett. Um die Ecke noch Regale mit Büchern. Die Räume sind klein und niedrig, die wenigen Möbel alt. Nach und nach hat sie alles geschenkt bekommen. Ihren Lebensunterhalt verdient sie mit Korrekturarbeiten für einen Verlag. Mit ihrem kleinen Auto fährt sie zur Messe ins nächste Dorf, kauft dort auch die paar Dinge ein, die sie braucht. Holz für den Ofen bekommt sie von der Besitzerin des Waldes. Männer aus der Gemeinde sägen und spalten es, bringen es ihr bis in den Schuppen. Seit einiger Zeit hat sie eine Waschmaschine, eine große Erleichterung.

Wir steigen die Treppe herunter. An einer Tür im unteren Flur bleibt sie stehen, schaut kurz hindurch, winkt mir dann zu folgen. Ich gehe hinterher und befinde mich in einem Eiskeller. Die Kälte in der kleinen Wallfahrtskirche ist schneidend. Haben die früheren Eremiten hier etwa gebetet? Ein schneller Rundblick: helle Wände, ein paar Kirchenbänke, ein Altar mit einer Bibel darauf, ein riesiger Altaraufsatz – und rasch wieder zurück an den Ofen im Besucherzimmer. „In kalten Wintern ist hier Eis an den Wänden", sagt sie. So nass sei die Klause Gott sei Dank nicht mehr. „Aber am Anfang wellte sich das Schreibpapier, so feucht war alles."

Die Küche liegt ein Stück tiefer. Die Felsen der Grundmauern ragen in den dämmerigen Gang. Auch dieser Raum ist so radikal auf das Nötigste beschränkt wie alle anderen, nur kälter. Bis hierher kommt die Wärme des Ofens nicht.

„Wie ernährt sich eine Eremitin?"

„Einfach", sagt sie lächelnd.

„Fasten Sie?"

„Ja, normalerweise ist Mittwoch, Freitag und Samstag Fasttag. Das heißt Tee und etwas Brot. Aber wenn ich weiß, heute kommen drei Gruppen von Wallfahrern, dann kann ich schlecht ganz fasten. Sonst bin ich am Ende des Tages ein Nervenbündel."

„Essen Sie Fleisch?"

„Selten. Manchmal kommt es vor, dass an meiner Tür ein Beutel hängt mit guter Wurst. Und wenn ich weiß, in den nächsten drei Tagen kommt niemand, dem ich das schenken kann, dann esse ich das auch."

Aber heute ist ein Gast da, und so kochen wir gemeinsam. Während die Eremitin etwas Gemüse klein schneidet und anschmort, darf ich zwei Eier mit Milch verquirlen. Zusammen mit dem Rest Reis vom Vortag brutzelt alles wenig später in der Pfanne. Wir essen im Besucherzimmer, ein schlichtes Mahl, lecker und ausreichend. Zum Schluss gibt es Obst und noch einen Tee. Der Regen prasselt wieder an die Fenster. Der Ofen strahlt angenehme Wärme aus.

„Was hat sie motiviert, als Einsiedlerin zu leben?"

Die Schwester überlegt einen Augenblick. Zögernd sagt sie: „Das ist schwer zu sagen. Es ist schon etwas sehr Persönliches ... Sehen Sie, es gibt heute ganz viele Menschen, viel mehr als früher, die nicht nur einsam sind, sondern vereinsamt. Und wenn ich ernst nehme, dass Gott wirklich in jedem Menschen gegenwärtig ist, ist das Vereinsamen eines Menschen auch ein Schmerz Gottes. Das ist das Eine. Und dann, es ist sicher noch etwas anderes, wenn ich freiwillig und aus Liebe Einsamkeit auf mich nehme, sie auf diese Art mit anderen Menschen teile, als wenn jemand aus seinem Lebensschicksal heraus einsam ist. Wenn er vielleicht aus irgendwelchen Gründen nie hat tragende Beziehungen aufbauen können." Sie spricht langsam und sucht nach Worten. „Bei uns im Kloster gibt es da ein Wort: ich lassse mir etwas unter das Skapulier gehen. Also das, was an mich herangetragen wird, das bleibt nicht vor dem Skapulier, vor diesem Schulterüberwurf. Sondern ich lasse mir die Dinge ins Herz gehen."

„Unter die Haut?"

„Ja, genau! Das heißt, diesen Schmerz mit den Menschen auch zu teilen. Und auch nicht beurteilen zu wollen, wer daran Schuld hat an dieser schmerzlichen Situation, auch wenn der Mensch sich vielleicht selber hineinmanövriert hat."

„Stellvertretung?"

Sie nickt. „Ja, stellvertretende Einsamkeit und stellvertretendes Gebet ... das heißt für mich immer Beten anstelle der Menschen, die in Not sind und die nicht mehr oder noch nicht beten können." Ein leichtes Schmunzeln huscht über ihr Gesicht. „Ich mache das immer gern an einem Beispiel deutlich. Wenn da unten im Gebetbuch, also da, wo die Besucher ihre Anliegen hineinschreiben, wenn da ein kleiner

Junge schreibt: Lieber Gott, mach doch, dass mein Papa erlaubt, dass wir einen Hund kriegen, wenigstens einen kleinen Münsterländer. Dann werde ich mich nicht hinsetzen und sagen: Lieber Gott, nun mach das, ja? Aber ich werde sicher, wenn ich das lese, Gott bitten: Erhalte diesem Menschenkind das Vertrauen in deine Möglichkeiten."

Auch ich muss schmunzeln über diese kindliche Bitte. Aber wieviel Enttäuschung kann auch darin liegen, wenn solche Wünsche dann doch nicht in Erfüllung gehen. „Wandelt sich der Schmerz irgendwann um in Nicht-Schmerz?"

„Nein, nein. Es geht darum, ihn zu teilen, erstmal!"

„Und wie hält man den Schmerz aus?" „Indem man ihn Gott hinhält."

„Also standhalten trotz des Schmerzes?"

Sie nickt und versucht zu erklären, dass das Gebet mit und für diese Menschen, das Aushalten, und das trotz des Schmerzes weiterhin Glauben eine unsichtbare Fruchtbarkeit schenkt. Ein Akt des Glaubens, obwohl die Lebenssituation dagegen spricht. „Für mich zeigt dies auch ein Stück die Ernsthaftigkeit meiner Gottesbeziehung. Wenn ich den Schmerz anderer Leute nicht mehr an mich heranlassen kommen könnte, das wäre wirklich ein Zeichen dafür, meine Aufgabe nicht mehr zu erfüllen. Das wäre ..."

„... nur noch eine Art Kuscheleckchen mit Jesus?"

„Ja, dann hätte ich mich in eine Kuschelecke mit Jesus zurückgezogen. Ich glaube, wenn ein Einsiedler nicht im Schnittpunkt des Kreuzes lebt, dann lebt er gar nicht! Dann ist er irgendetwas, aber kein Einsiedler. Natürlich kommt da dann auch dazu, jede Eremitin, jeder Eremit hat eine ganz persönliche Geschichte, einen ganz persönlichen Weg. Und so gestaltet sich der Alltag, diese Vertrautheit mit Christus, dieses Erleben, Erlieben und auch Erleiden sehr verschieden. Und so sieht auch die Fruchtbarkeit unterschiedlich aus."

Viele verbinden mit dem Eremitentum den Begriff der Buße. „Besteht das Leben des Einsiedlers aus Buße?"

Sie hebt abwehrend die Hände. „Da möchte ich aber protestieren! Das Leben eines Eremiten, auch eines Mönches oder eines Christen überhaupt, besteht doch nicht nur aus Buße! Das ist mir zu eng. Es besteht aus Umkehr. Und in diesem Wort Umkehr, metanoeite, da steckt drin: lauschen, achtsam sein, genau auf etwas schauen und dann, aus dieser Erfahrung heraus, sich ausstrecken, nach vorne gehen. Buße kann auch nicht heißen, ich quäle mich absichtlich. Es gibt vom heiligen Gregor dem Großen ein schönes Wort über den heiligen Benedikt: Er habe unter den Augen Gottes bei sich selbst gewohnt. Das ist für mich ein gutes Bild für Umkehr."

„Also keine besonderen Bußübungen?"

„Ich glaube, das Leben in Gemeinschaft sowie das Leben als Einsiedlerin, das bringt soviel Entbehrungen mit sich, wenn ich die wirklich annehme und denen nicht ausweiche, das reicht eigentlich schon. Und ich glaube, das sind auch die Formen von Askese, die heute wichtig sind. Und die von uns dann auch nicht als religiöse Leistung verbucht werden können. Wo ich zum Beispiel sagen könnte: Ja, meine leeren Hände ... aber im Grunde, lieber Gott, kannst du doch ganz schön stolz auf mich sein!"

Ein Telefon klingelt. Die Eremitin entschuldigt sich und geht in den Flur. Mir fallen die vielen Geschichten ein, die ich über Einsiedler aus den letzten Jahrhunderten gelesen habe. Das Ideal mancher dieser Menschen schien zeitweilig daraus zu bestehen, mit möglichst wenig Schlaf und Nahrung auszukommen und sich das Leben mit Geißeln, um den Leib gebundenen Ketten oder rauen Bußkleidern schwer zu machen. Als die Schwester zurückkommt, frage ich sie, was sie davon hält. „Ich lese nie Beschreibungen von Eremiten, die vom 13. bis 19. Jahrhundert gelebt haben! Mir erscheint sowas manchmal wie unerleuchteter Eifer." Ihre bevorzugte Einsiedler-Lektüre seien die Apophthegmata patrum und Cassian, Berichte von Einsiedlern und Einsiedlerinnen aus der frühen Zeit des Mönchtums.

Askese, das Einüben, bereit zu sein für die Teilnahme am Weg, an der Sendung, am Tod Jesu, dieses alte Thema, das die frühen Texte so stark durchzog, „wie geht das heute?“

„Ich denke“, sie deutet lächelnd nach hinten in den Flur, „wenn ich als Eremitin mit Telefon darauf verzichte, dieses Telefon zu benutzen, um mir das Leben zu erleichtern, auch die Einsamkeit zu mildern, dann ist das schon eine Form von Askese. Es gibt ja in meinem Leben auch Situationen, wo es mir sehr schwerfällt, keinen Gesprächspartner zu haben. Zum Beispiel, wenn hier unten jemand sitzt und mir etwas wirklich ganz, ganz Schlimmes mitteilt. In meinem Kloster habe ich auch viel Sprechzimmerdienst machen müssen. Aber da konnte ich hinterher vielleicht mit der Äbtissin darüber reden, wenn es zu schwer war, es allein zu tragen. Oder ich konnte meinen Mitschwestern davon erzählen, ohne Namen zu nennen, ich habe das und das erfahren, könnt ihr da mitbeten. Das löst die Spannung. Das ist jetzt alles nicht drin. Und wenn ich da das Telefon nicht benutze oder mich hinsetze und an den Nächstbesten einen Brief schreibe – ich denke, das ist eine Askese, die heutig ist.“

Das Wort Solidarität fällt, Solidarität plus Gnade, die durch das bereitwillig offen gehaltene Herz strömen kann. Und nicht abgeblockt wird von Schmerz, Bitterkeit und Egoismus, nicht abgehalten wird durch die Verhärtung eines vermeintlichen Selbstschutzes.

Im Sommer kommen fast 4000 Wallfahrer, Besucher und Touristen an diesen kleinen, abgelegenen Ort. Nicht wenige davon möchten mit ihr sprechen, bitten um einen Rat oder um das Gebet.

Eine große Belastung, die gleichzeitig aufzeigt, wie sehr geistliche Menschen gesucht werden. Menschen, die durch die persönliche Vertrautheit mit Christus in der Tiefe um Schmerz, Verlorenheit und Einsamkeit wissen. Es ist später Nachmittag geworden. Die Eremitin fährt mich zurück zum

Bahnhof. Wir plaudern noch ein wenig im Auto, am Bahnsteig stehen die Waggons schon bereit. Es nieselt und ist kalt. Eine herzliche Verabschiedung, und ich setze mich in das warme Abteil. Die Schwester fährt zurück. Sie wird noch aufräumen, die Vesper beten, still werden in ihrer kleinen, vogelnestartigen Kapelle unter dem Dach. Wird das Wort der Heiligen Schrift lesen, meditieren, „wiederkäuen", wie sie sagt, wird „damit schlafen gehen und damit aufstehen". Und sie wird sich „zu Gott hinschweigen und seinem Schweigen lauschen". Mitten in der windumtosten Einsamkeit wird sie unbeirrt Psalmen singen, in denen Verlassenheit und Schmerz, in denen alle Nöte der Menschen, aber auch ihre Freuden ausgehalten und hingehalten werden.

## Die Klause auf dem Berg

Als wir oben ankommen, ist er gerade beim Putzen. Wir parken das Auto neben der winzig kleinen Kapelle. Die Sonne steht schon hoch, der Himmel ist wolkenlos. Das letzte Stück Weg war abenteuerlich. Erst führte die Straße zwischen blühenden Apfelbäumen und holzverkleideten Häusern hindurch. Dann wurde sie schmaler, die Kurven schwieriger. Bald verengte sie sich zum holprigen Weg. Aus dem Asphalt wurde Schotter. Es ging steil hinauf. Nur noch wenige Sonnenstrahlen blitzten durch das dichte, grüne Blätterdach. Rechts ging der Blick tief hinab. Vor uns Schlaglöcher, schmale Kehren, alte Bäume voller Flechten. Und dann plötzlich etwas Helles, das durch die Hochwaldtannen schimmerte. Die Kapelle und die Klause lagen auf dem kleinen Plateau, als hätten die Erbauer damals einfach die Bergspitze gekappt. Über 600 Jahre alt ist dieser einsame Ort. Die Menschen in der Umgebung waren froh, als Bruder Benedikt einzog und nach und nach alles instand setzte.

Als er aus der niedrigen Holztür kommt, trifft mich ein freundlicher, aber wachsamer Blick. Nicht alle, die heraufkommen, suchen geistlichen Rat. Seine Gestalt ist groß und kräftig. Über dem schwarzen Benediktinerhabit eine ausgebleichte blaue Schürze und eine Weste mit Mörtelspuren und Farbspritzern. Die bloßen Füße stecken in schwarzen Sandalen. Das Haar ist superkurz, ein grauer Pelz. Fast sieben Jahre lebt Bruder Benedikt auf dem Berg. Vorausgegangen waren Jahre im Kloster und ein langer Aufenthalt bei verschiedenen Eremiten im Tessin. Seine Geschichte ist spannend. Mit 25 die Nullpunkterfahrung, der Zusammenbruch, der bis dahin gut organisierten, bürgerlichen Welt: Abitur, Bundeswehr, Jura-und Politologie-Studium. Auf einmal alles zerschmettert durch eine intensive Erfahrung der Gottesnähe, einer Begegnung mit Jesus. Er nennt es eine schreckliche, eine furchtbare Erfahrung, ein Ende, einen Schlusspunkt. Aber in dieser

Nullpunkterfahrung sei etwas Neues aufgetaucht, ein neues Leben, eine neue Geburt. Die Spur dieser Qualität, dieser Erfahrung, dieses Geschmacks nicht wieder zu verlieren, ist ab da sein wichtigster Impuls. Er nennt es: treu bleiben.

25 Jahre sei das jetzt her, von diesem Punkt bis heute gehe eine gerade Linie. Alles habe sich danach geändert. Statt Jura und Politologie Theologie und Philosophie, Eintritt bei den Benediktinern, und, als letzten Schritt, das „Experiment Klause in der heutigen Zeit in Verbundenheit mit dem Kloster. Nicht einfach nur in der Erinnerung! An den Lehren der Väter orientiert, ja, und doch in der heutigen Zeit verwurzelt und nach vorne gedacht."

Die Klause ist alt und das sieht man. Die Räume sind klein und niedrig. In manchen Zimmern kommt Bruder Benedikt fast mit dem Kopf an die Decke. Altes und Neues ist nebeneinander, überall Reste der Renovierungsarbeiten. Dunkle, angegriffene Holzbalken mit Lebensspuren stoßen an neues, noch duftendes Holz. Und in fast jedem Zimmer liegen Bücher und Notizen für Vorträge, ein schöpferisches Chaos. Dazu ein Computer, unentbehrliches Hilfsmittel für Studien und Publikationen. Die Küche ist lang und schmal, die Einrichtung ein Geschenk. Über der Spüle ein Fenster. Etwa 120 Zentimeter dick ist die Mauer. Der Durchbruch nach außen ist schlicht verputzt und gekalkt wie die Wände. Alles ist einfach. Eleganz und Luxus passen nicht in eine Einsiedelei.

Im oberen Stockwerk ist der Meditationsraum. Fast völlig kahl sind Boden, Decke und Wände. An einer der Seiten ein kleiner Altar mit Kreuz und einer großen Ikone des heiligen Benedikt.

Gegenüber eine Matte mit Meditationskissen. Hier sitzt er frühmorgens und spät am Abend je zwei bis dreimal eine halbe Stunde. Dazu kommen Stundengebet und eine kleine Kommunionfeier; das Allerheiligste bekommt er nach der Messe am Sonntag in der Pfarrkirche im Tal. Ein Tagesablauf, darauf abgestimmt, Geist und Sinne, Körper und Seele, den ganzen Menschen zur Wahrnehmung des Göttlichen zu befähigen. „Schweigen und Einsamkeit sind schon sehr wichtige Punkte. Aber sie müssen auf Jesus zentriert sein. Die Möglichkeiten, die Bedingungen müssen hergestellt werden, um ihm besonders verbunden sein zu können, um ihn zu hören, um in Kontakt mit ihm zu sein. Wem es einmal geschenkt wurde, eine Berührung mit dem Göttlichen zu erleben, der möchte ja dabei bleiben. Und dann stellt sich die Frage: Wie geht denn das? Es gibt natürlich die Schätze der Kirche, die in Klöstern, geistlichen Häusern, auch in der Tradition, in Studien und so weiter, festgehalten wurden. Aber das Eigentliche, die Erfahrung, die kann nur jeder selbst machen. Und es geht darum, günstige Bedingungen zu schaffen, damit es passieren kann. Da ist das Gebet, die Meditation – und in der Stille, in der Einsamkeit kann sich vieles setzen. Denn so wie es physikalische Gesetze gibt, so gibt es auch spirituelle Gesetzmäßigkeiten. Für mich gilt da die Formel: Ich muss alles das tun, was mir möglich ist, und dann darf ich darauf vertrauen, dass die Liebe Gottes wie die Sonne ist, die auf alle scheint und alles wachsen lässt. An uns ist es, unser Herz zu bereiten, zu öffnen, metanoia, umdenken, zuinnerst umzukehren, das ist unsere ständige Aufgabe. Sich Gott zu öffnen, dem Vater, der ausschaut nach dem Sohn und nach der Tochter."

Der Rundgang durch die Klause und um die Klause herum ist beendet. Viel Platz zum Spazierengehen ist hier sowieso nicht. Vor den Gebäuden ein Grasplatz, Holzstapel, ein Tisch und Bänke. Und gerade noch so viel Raum, dass zwei Autos parken können. Noch ein, zwei Bäume und dann geht es steil nach unten. Bruder Benedikt holt Wasser und Gläser. Wir sitzen vor dem Haus. Die Sonne brennt inzwischen heftig. Die Klause liegt gut 600 Meter hoch über dem Meeresspiegel. Bruder Benedikt setzt sich einen Strohhut auf, hockt mit untergeschlagenen Beinen auf der Bank. Beim Rundgang vorhin hat er erwähnt, dass er Zen-Meditation praktiziert. Ich bin neugierig und frage: „Warum gerade Zen?" Er erzählt, dass er Zen am Anfang seines spirituellen Weges kennengelernt habe im christlichen Raum bei einem Pater. Und es habe den gleichen Geschmack gehabt wie die umwälzende Erfahrung kurz davor. Und „es ist eine schlichte Übung, staubtrocken sozusagen. Sich hinsetzen, still sein und atmen. Und das mit einer gewissen Ausdauer und Konsequenz. Das klärt. Hinsetzen, Ruhe geben, nicht vor sich selbst fliehen. Es gibt dafür ein schönes Bild: Ein Glas Wasser, in dem sich etwas gelöst hat. Wenn dieses Wasser immer in Bewegung ist, ist es trübe. Ähnlich unser Bewusstsein. Von den alltäglichen Sorgen herumgetrieben – die es ja auch im Kloster gibt, sogar in der Klause. Und jetzt gilt es, dieses Glas Wasser einfach ruhig hinzustellen, dann ebbt die Bewegung ab, die Oberfläche wird still, und es setzt sich das gelöste Trübe ab. Wenn alles ruhig wird, still wird, dann wird auch der Geist still, die Seele wird still und durchsichtig. Diesen Prozess kann man auch aus der Erfahrung der Väter lernen: Bleib in deiner Zelle, in deiner Klause, und sie wird dich alles lehren. Das sind keine kryptischen Sprüche. Das ist erfahrungsorientiert und erfahrungsgesättigt." Ich bin etwas skeptisch. „Mache ich da nicht die Gotteserfahrung selbst? Oder anders gefragt, wie funktionieren Erfahrungen des Göttlichen, Heilserfahrungen?"

Bruder Benedikt rückt den Strohhut zurecht. „Diese Frage durchzieht eigentlich die ganze Kirchengeschichte. Was muss ich tun, um dem Heil näher zu kommen und was muss ich mir schenken lassen? Bei dieser schlichten Übung, beim Zen – oder in der christlichen Tradition: in der Kontemplation – entsteht eine innere Ruhe, und in dieser Ruhe bricht etwas Neues auf, eine neue Qualität, eine Art Quantensprung. Zen greift sehr tief, darum sollte man Zen auch nicht aus einem Modetrend heraus machen! Und wenn diese innere, seelische Befindlichkeit, die man zeitlich nicht bestimmen kann, einen bestimmten Reifungsgrad erreicht hat, dann geschieht das Neue, und das ist eine religiöse Erfahrung. Wenn wir in die heiligen Texte hineinschauen, finden wir das auch da. Es erscheinen Engel im Traum, oder, eine besonders schöne Geschichte: die Erfahrung des jungen Samuel, wie er als kleiner Bub in Schilo ist und von Gott gerufen wird (1 Samuel 3,4). Dabei erkennt nicht er, sondern der Priester den rufenden Gott und weist Samuel an zu antworten: Hier bin ich. Die Wirklichkeit Gottes kann in vielfältiger Weise einbrechen. Aber sie ist gnadenhaft und nicht planbar." Energisch klopft er auf den Tisch und stellt die Füße auf den Boden. „So, jetzt aber erstmal Schluss mit dem Reden. Jetzt beten wir."

Wir gehen die wenigen Schritte zur Kapelle hinüber. Bruder Benedikt nimmt ein schmales Brett mit Lederschlaufe hoch, das an der Wand lehnt, und einen Hammer. Eine kurze Erklärung: „Das ist ein Simandron, eine Stundentrommel, die bei den Mönchen der Ostkirche, zum Beispiel in den athonitischen Klöstern und Skiten, verwendet wird." Ein Schlag ertönt, dann zwei Schläge, dann drei, dann folgen in schnellem Rhythmus mehrere verschieden betonte Hammerschläge auf das Holz. Weit hallen die harten Töne über den Grasplatz. Behutsam stellt er danach das Holz an die Wand, wirft den Strohhut auf das Versatzstück für die Fahnen, das vor der Kapelle im Boden steckt. In einer fließenden Bewegung, harmonisch, schwungvoll, folgt ein großes Kreuzzeichen, laut ertönt dabei das gesungene „O Gott, komm mir zu Hilfe. Herr, eile mir zu helfen." – Wir ziehen zur Sext in die Kapelle ein. Vor dem Stehpult mit dem monastischen Brevier eine tiefe Verneigung, Bruder Benedikt berührt dabei blitzschnell den Boden mit der rechten Hand. „Ehre sei dem Vater und dem Sohn und dem Heiligen Geist, wie im Anfang, so auch jetzt und alle Zeit und in Ewigkeit. Amen." Der Hymnus ist halbwegs bekannt, die kraftvolle Stimme neben mir zieht und stützt, wenn mir der Text nicht sofort präsent ist. Psalm

25 singen wir im Wechsel. Manchmal finde ich nicht so schnell die richtige Zeile. Während er weitersingt, weist mir Bruder Benedikts Zeigefinger immer wieder den richtigen Einsatz. „Zeige mir, Herr, deine Wege, lehre mich deine Pfade! / Führe mich in deiner Treue und lehre mich, denn du bist der Gott meines Heiles. / Auf dich hoffe ich alle Zeit."

Die Lesung ist lang, aus den Schriften des Theodoret von Cyrus: „Über die Vorsehung. Gott sorgt sich um die Menschen; aber seine Sorge ist Liebe (...) Gott, der Schöpfer, sah, dass die Menschen zum grausamen Tyrannen überlaufen, dem Bösen immer mehr verfallen und die Naturgesetze ohne Scheu mit Füßen treten. Er sah, dass sie die Offenbarung Gottes in der sichtbaren Schöpfung und deren laut schallendes Gotteslob nicht hören. So wirkte er weise und gerecht unsere Rettung."

Die Schlussoration folgt, dazu ein dreimaliges, leises Kyrie eleison, Christe eleison, Kyrie eleison mit tief geneigtem Angesicht. Dann ist die Hore beendet.

Wenig später ist der lange Tisch vor der Klause gedeckt. Wir essen zu Mittag. Salat, Käse und Brot, Mineralwasser. Bruder Benedikt erzählt mit einem Schmunzeln, dass ihm seine Enthaltungen, seine Speise-Diziplin im Kloster abgewöhnt worden seien. Vor dem Eintritt habe er viel rigoroser gelebt, nach dem Eintritt hätte sich das sehr geändert. „Ich habe vorher keinen Kaffee getrunken, keinen Schwarz-Tee, keinen Alkohol, kein Bier, nichts von alle dem. Hatte ich mir alles abgewöhnt", er lacht und schiebt mir die riesige Salatschüssel aufmunternd über den Tisch. „In der Gemeinschaft ist mir vieles abgewöhnt worden. Da gabs nur Milchkaffee zum Frühstück, und da gabs jeden Sonntag Abend ein Bier. Und das Bier entrüstet von sich zu weisen, das ging nicht. Bei uns ist auch zum Beispiel keine Zeit für Sport. Am Anfang habe ich noch so zwischen Morgenhore und Terz – da ist eine Stunde Zeit, in der alle Betrachtung halten –, da bin ich drei

Runden durch den Klausurgarten gerannt. Danach schnell hoch, duschen und war dann gerade so rechtzeitig wieder fertig. Das konnte ich aber nur einige Tage in der Woche durchhalten, schließlich wollte ich ja auch ab und zu eine Stunde meditieren." Er schenkt Wasser nach und bricht ein Stück Brot ab. „Wir sind sehr geprägt von der Regel des heiligen Benedikt, der sagt: Die Mönche sollen fasten, aber so, dass die anderen es nicht merken. Benedikt ist da sehr diskret. Er sagt auch: Eigentlich sollten die Mönche gar keinen Wein trinken. Da man es den heutigen Mönchen", er lacht und hebt den Zeigefinger, „das sagt er im 6. Jahrhundert! Also, da man es den heutigen Mönchen nicht beibringen kann, keinen Wein zu trinken, so soll man es wenigstens nicht bis zur Trunkenheit kommen lassen." Wir lachen. Benedikt muss ein weiser Abt und ein guter Menschenkenner gewesen sein, was wohl untrennbar miteinander verbunden ist. Nach dem Essen wird gespült. Wie schon einige Male vorher, klingelt auch dabei das schnurlose Telefon. Ein ungewöhnliches Requisit für einen Einsiedler, denke ich. Und doch, es sind keine Plaudereien am Telefon, die da stattfinden, sondern meist rufen Menschen an, die seinen Rat brauchen und den Weg bis hier oben scheuen. Aber auch Partner, die helfen, die großen Geldsummen zusammenzubringen, die immer noch nötig sind, um diesen alten Ort des Gebets wieder herzurichten.

Zurzeit laufen die Planungen, die Kapelle zu restaurieren, die sehr alten, schon fast verblassten, einfachen Malereien wenigstens im Fragment noch zu erhalten. Die Kapelle ist bei den Menschen der Umgebung sehr beliebt. Immer wieder kommen Wanderer herauf, beten, verweilen einen Moment in der Stille. Vor kurzem fand eine Maiandacht statt, von der Bruder Benedikt mit Wärme erzählt. „Wir sind hier ja in einem noch sehr ländlichen Bereich, und da war dann auch ein Gesätzle vom Rosenkranz fällig. Das funktionierte sofort! Diese 40, 50 Leute da in der Kapelle waren von einer Sekunde auf die andere eine betende Gemeinschaft, eine echte und starke Kraft."

Das Telefon klingelt, ein Mann ruft an, eine drängende Frage vom Schreibtisch eines Managers aus zur Klause auf dem Berg. Bruder Benedikt setzt sich etwas abseits und hört zu. Ich stehe auf, klettere auf dem schmalen Pfad herum, der einen Teil der Klause umrundet. Manchmal geht der Blick durch die Bäume weit über Täler hinweg. So hoch, so weit, so über den Menschen unten im Tal zu wohnen und zu beten – was bewahrt einen da eigentlich vor Überheblichkeit?

Das Telefonat ist beendet, ich frage Bruder Benedikt, was er vom Eremiten-Text im Weltkatechismus hält.

Er verschwindet in der Klause, holt den Katechismus heraus und klopft den Staub ab. „So oft schaue ich da nicht herein." Er schlägt auf, liest aufmerksam. „Also zunächst die Worte Eremit, Einsiedler, die muss man aus dieser Fixierung etwas herauslösen. Die Wüste zum Beispiel ist nicht nur die Sandwüste. Sondern es gibt auch die Wasserwüste oder wie hier in unseren Breiten, wo sich immer viele Einsiedler niedergelassen haben, die grüne Wüste, die Waldwüste. Man kann es auch als spirituelle Wüste deuten, da, wo die Reize sich reduzieren. Das ist ein Ort, wo Gott nahe ist. Der Weg von der Vielfalt zur Einfalt. Von der Vielfalt der Gedanken zur Einfalt der Gottesbeziehung." Er tippt auf den Text: „Das ist hier ja auch aufgezeigt, es geht ganz zu Gott, ganz in die persönliche Vertrautheit mit Christus. Das ist das A und O. Jesus wird ja einmal gefragt: Meister, was ist das erste Gebot? Und er antwortet: Liebe Gott und deinen Nächsten wie dich selbst. Die Grundintention des Eremiten, des Mönchs, ja des Menschen überhaupt – und der Eremit lebt als Einsiedler einen zentralen Aspekt des Mensch-Seins – ist, das ursprüngliche Mensch-Sein wieder zu finden. Und die Richtschnur dafür, das Lot sozusagen, ist die Gottesbeziehung. Denn die Menschenliebe und die Selbstliebe sind starken Schwankungen unterworfen. Sie sind nicht rein!"

„Und das Thema geistlicher Kampf? Wie sehen Sie das?" Bruder Benedikt klappt den Katechismus zu und lächelt. „Das ist in der Klause ein Alltagsthema. Man muss hier seine inneren Regungen fein analysieren, das ist meist eine Heidenarbeit. Die Texte der Väter und Mütter sind natürlich dabei sehr wichtig. Für einen Einsiedler, denke ich, sind vor allem die Regeln des Evagrius Pontikos sehr hilfreich, die Acht-Laster-Lehre. Die dröseln die inneren Regungen ganz gut auf. Mit viel Humor dazu: Zum Beispiel „Ein wütender Mönch ist eine einsame Wildsau"[1] , oder „Eine morsche Leiter ist der Hochmut, wer sie betritt, wird alsbald herabgeschleudert"[2]. Manchmal gibt es da auch so Projektionen von den Leuten, von den Besuchern, ... so ein Überbild, in das man gar nicht hereinpasst."

„Und was ist die größte Gefahr in der Einsiedelei?"

„Die größte Gefahr ist, dass man versandet! Dass man in so einen Alltagsdusel hineinkommt und der große Ansatz verloren geht. Man kapriziert sich dann auf Kartoffelanbau, Baugeschichten, Studium und tausend solcher Sachen. Stille und Einsamkeit bewirken eine innere Spannung. Wenn man diese Spannung nicht hält oder nicht halten kann, geht man entweder in irgendeine Leistung herein oder man landet im Sumpf. Akedia oder Aktionismus. Dann geht der geistliche Push, das „ganz-dran-sein", dieses „Nur-Du", das geht dann verloren. Manchmal ist das Leben hier auf Messersschneide."

Die Sonne beginnt, hinter den Bäumen zu verschwinden. Es wird Zeit, Bruder Benedikt zu verlassen. Wir suchen unsere Sachen zusammen. Die Bekannte, die mich hochgefahren hat, bekommt noch einen malerischen Holzklotz für die Terasse geschenkt. Eine letzte Frage habe ich noch. Bruder Benedikt lässt auch diese noch zu. „Welche Hoffnung, welches Ziel haben Sie mit diesem Leben, mit diesem Experiment Klause in heutiger Zeit?“ Lange überlegen braucht er für die Antwort nicht. „Meine Hoffnung ist natürlich, dass mein Leben hier fruchtbar ist. Dass daraus etwas erwächst, von dem man noch gar nicht genau weiß, was. Es ist noch nicht verzweckt, es ist noch offen. Der Heilige Geist kann sozusagen noch voll zuschlagen. Und dann, aus meinem persönlichen Lebensthema heraus, aus der guten und schönen Erfahrung, die mich tiefer zu Jesus hinführte und deren Geschmack ich im Zen wiederfand, diese Erfahrung und den Weg dahin tiefer bei uns im Christlichen zu beheimaten.“

## Die Nazareth-Einsiedelei

Etwa zwanzig Minuten Fußweg vom Zentrum der Gemeinschaft entfernt liegt sie unter Bäumen. Eine dunkle Holzhütte, am Giebel ein schlichtes Metallkreuz, hinter dem Haus das Holz für den Winter. Seit dem 8. Dezember 1987 ist sie eingeweiht, die Nazareth-Einsiedelei, in der Pater Wolfgang M. Götz als Eremit lebt. Der Innenraum ist einfach, die Möbel funktional. Ein großes Kreuz mit einer kleinen Kniebank davor, ein schlichter Schreibtisch. An der Wand Bilder von Maria, dem heiligen Vinzenz Palotti und Pater Josef Kentenich. Pater Wolfgang M. Götz gehört zur Schönstatt-Bewegung.

Schon in den Anfängen des Säkularinstitutes der Patres, das 1965 gegründet wurde, sei es Pater Kentenich bewusst gewesen, dass eine apostolische Tätigkeit, die nicht im Gebet, nicht in der Gnade verankert sei, leicht der Gefahr eines leeren Aktivismus verfallen könne, meint Pater Götz.

„Deshalb wollte er in seiner geistlichen Familie bewusst Gegengewichte einbauen, die an diese übernatürliche Wirklichkeit erinnern: unsere Anbetungsgemeinschaften und die Einsiedeleien. Im Konzentrationslager Dachau hatte er von den Einsiedlern auf dem Berg Athos gehört. Das veranlasste ihn, auch in Schönstatt Platz für Einsiedeleien vorzusehen."[3] Der Tagesablauf beginnt um 5.00 Uhr mit der Vigil, einem Gebet, das in der Regel nachts gebetet wird oder am frühen Morgen. Ähnlich der Lesehore / Matutin des römischen Breviers. Darauf folgt die Laudes und eine Zeit für Betrachtung und geistliche Lesung. Nach dem Frühstück geht es ans Aufräumen der Hütte. Waldarbeiten oder das Sägen des Holzes für den Winter nehmen am Vormittag meist einige Zeit in Anspruch. Aber das sei ein guter Ausgleich zum Gebet, findet er. „Um die Mittagszeit gehe ich zur Schönstatt-Kapelle auf dem Berg Sion (...) und feiere dort die heilige Messe."[4] Dort hole er sich auch sein Mittagessen ab und wandere dann wieder zurück zur Einsiedelei. Früher arbeitete er am Nachmittag für das Archiv der Gemeinschaft, studierte, zum Beispiel die Geschichte des Mönchtums, oder schrieb Briefe. „Anstelle der Arbeit für das Archiv trat seit etwa einem Jahr die Aufgabe, für unsere Studenten, die hier im Ort studieren, als Spiritual zur Verfügung zu stehen. Einmal in der Woche und zur monatlichen Geisteserneuerung gehe ich ins Kolleg.“[5]

Eine Stunde stilles Gebet im Schönstatt-Heiligtum, die Vesper und das Abendessen schließen sich an. Den Tag beendet die Komplet um 20.00 Uhr.

Pater Götz ist nicht der einzige Einsiedler der Schönstatt-Bewegung. Sein Mitbruder Pater Georg M. Ritter lebt seit etwa zwei Jahren in einer kleinen Einsiedelei in einiger Entfernung, näher zum Zentrum der Gemeinschaft der Patres. Auch zwei der Marienschwestern aus der Schönstattfamilie leben eremitisch, und seit Ende des letzten Jahres bewohnt ein Schönstattpriester aus der Diözese Limburg eine bayrische Klause.

Eingedenk des apostolischen Auftrages des Säkularinstitutes und der Schönstattfamilie überhaupt haben die Schönstattpatres vor kurzem eine Gäste-Klause, die Tabor-Einsiedelei eingeweiht. Mitgliedern der eigenen Gemeinschaft, aber auch interessierten Priestern, Ordensmännern und männlichen Laien steht sie offen für eine Zeit der Besinnung. Dabei betonen die Patres, dass die Tabor-Einsiedelei kein Ferienhaus sei, sondern ein Ort der Verborgenheit und der Stille. Gäste können, wenn sie es wünschen, am Stundengebet und an der Eucharistiefeier der Gemeinschaft teilnehmen. Eine geistliche Begleitung sei allerdings nicht vorgesehen. Ein Gespräch könne aber vereinbart werden.[6]

Für Pater Wolfgang M. Götz sind Zeiten der Stille und der Einsamkeit heute eine der dringenden Notwendigkeiten. „In unserer Welt von heute, die so sehr zur Oberflächlichkeit verleitet, wird gerade dem tiefer Schauenden bewusst, dass unser Leben mehr als ein Vergnügungspark sein will. Dann beginnt man nach den tieferen Quellen zu suchen und versucht bewusst, einen christlichen Lebensstil auszuprägen. Wer immer wieder aus den quellfrischen Wassern des Glaubens schöpft, kann in einer Zeit wie der unseren selber bestehen und andere zum lebendigen Gott hinführen. Nur wer ihn selber erfährt, kann ihn glaubwürdig verkünden."[7]

## Der Eremit im Dorf

Die niedrige Tür knarrt ein wenig. Innen ist es hell und freundlich. Und kühl. Die Hitze, die draußen die kleine Kirche umwabert, bis hier herein kommt sie nicht. Typisch bayrisch, denke ich. Bunter Stuck, ein goldener Hochaltar, frühes 16. Jahrhundert, mit den Patronen der Kirche, dem heiligen Urban und der heiligen Agatha. Rechts und links Seitenaltäre. Links Ursula, rechts Jacobus der Ältere. Überall Blumen. In den Bänken einige Frauen. In einer der letzten Reihen ein Mann, lang, hager, mit weißen Haaren.

„Kommen Sie gleich zur Kirche. Ich halte bis 10.15 Uhr eucharistische Anbetung. Danach können wir zur Klause fahren“, hatte er auf meine Anfrage geschrieben. Die Uhr schlägt 10. Ich rutsche in die letzte Bank. Vorn auf dem Altar eine Monstranz mit dem Allerheiligsten. Klein, tropfenförmig umgibt das schlichte Gehäuse die weiße Hostie. Gedämpft dringen einige Geräusche von außen herein. Ein Trecker, ein paar Stimmen, das Dengelengeleng der Kuhglocken. Sonst nichts. Die Minuten vergehen. Alles ist friedlich, irgendwie zeitlos. Eine gute Stille, denke ich. Eine Stille, die nicht lastet, sondern aufrichtet. Eine Stille eben vor dem Herrn.

„Gelobt und gepriesen sei ohne End, ...“ beendet der Eremit die Anbetungsstunde. „Jesus Christus im allerheiligsten Sakrament“, antworten die Frauen. Der bayrische Dialekt ist unüberhörbar. Der Eremit und die Frauen verlassen die Kirche, draußen werden noch ein paar Termine abgesprochen. Ich schaue mich um. An einer der Längswände klebt die Kanzel, so winzig, als wäre sie für eine Puppenstubenkirche gemacht. Auch die Bänke sind schmal, wenig Platz für lange Beine. Überall Namensschilder: Huber Maria, Leitner Niederbauer, Köpferl Vorderöd, Biberger, Thurner Anna, Haselrain.

Die weit vorgezogene Orgelempore schmücken alte Bilder, auf denen die sieben Werke der geistlichen Barmherzigkeit dargestellt sind ... für die Lebenden und Verstorbenen

Gott bitten ... die Betrübten trösten ... Unrecht willig leiden ... Beleidigungen gern verzeihen ...

Auf dem Friedhof um die Kirche dann ein mediterranes Flair. Wolkenloser Himmel, strahlender Sonnenschein, blendend weiße Grabplatten mit schwarzen, schmiedeeisernen Kreuzen. Und eine Hitze wie im Backofen. Der Eremit kommt, eine herzliche Begrüßung und dann die Überraschung. „Ja, das wussten Sie nicht, gell?“, schmunzelt er. Eine Eremitin aus dem Bistum Paderborn ist gerade zu Besuch, morgen geht es gemeinsam auf Wallfahrt zum Bruder Klaus in die Ranft. In einem knallroten kleinen Auto geht es dann vorbei an Wiesen mit Bullenkälbern, Bauernhöfen und Obstbäumen. Am Ende eines schmalen Weges dann das Haus. „Ein Austragshäuserl“, erklärt der Eremit. Also das Altenteil, auf das sich der Bauer mit seiner Frau zurückzieht, wenn er dem Hoferben alles übergeben hat.

Ringsherum blühende Weiden, ein Bienenhaus, eifrig umsummt, Fischteiche, in denen Karpfen nach fetten Fliegen schnappen.

Seit 1988 lebt er hier, bewohnt ein kleines „Stüberl“ mit Gebetsecke und Schlafzimmer. Angefangen hatte alles in Regensburg. Ende der siebziger Jahre war dort die Eremitengemeinschaft ‚Wachet und Betet‘ entstanden. Der Versuch, eine alte Form des Einsiedlertums neu zu beleben: als Eremit oder Eremitin in der Nähe der Menschen zu wohnen und mit verschiedenen Diensten den Lebensunterhalt zu verdienen. Diese Form hatte vor allem im späten Mittelalter großen Zulauf. Meistens arbeiteten die deutschen Klausner damals als Messner (Küster), Organist oder Lehrer. Auch betreuten sie Hospitäler, Aussätzige in sogenannten Siechenhäusern oder boten den Reisenden ein sicheres Lager, die zu spät vor den Stadttoren ankamen und nicht mehr hereingelassen wurden.

Mitte der neunziger Jahre spaltete sich von der Gemeinschaft ‚Wachet und Betet‘ eine kleine Gruppe ab, gab sich den Namen ‚Eremitinnen und Eremiten der Anbetung'. In ihrer Regel ist der Dienstcharakter dieser Lebensform besonders hervorgehoben. „Ortsnahe Klausen sind wünschenswert" und „Die Einsiedelei (ist) ein Ort unter den Menschen." Sie nennen ihren Dienst einen Mose-Dienst in Anlehnung an Exodus 17,10–12. Ein Leben, in dem sie sich ganz Gott übergeben, um in der Stille sein Wort zu vernehmen, sich von seinem Geist durchdringen zu lassen und die Anliegen der Menschen, der Kirche vor Gott zu bringen. Ihre Versprechen legen sie in der Intention des Canon 603 des Kirchenrechts ab.

Wir sitzen beim Tee, und sogar etwas Gebäck hat der Eremit besorgt. Der Raum des Stüberls ist klein und voll. Ein Tisch, Stühle, rechts neben der Tür ein alter, weiß emaillierter Kohle-Küchenherd. Blank poliert glänzen die Griffe aus Chrom. An der anderen Seite ein Klavier. Darüber ein Herrgottswinkel mit zwei Ikonen: Christus der Erlöser und Maria mit dem Kind.

Der Eremit erzählt von seinem Werdegang. Zuerst die Jahre im Kapuzinerorden. Dann der Austritt und die Suche, wo es jetzt lang gehe. Das erste Treffen mit einer Schwester aus der Gemeinschaft ‚Wachet und Betet'. „Sie erzählte mir davon und ich fragte sofort: Was macht ihr da? Habt's ihr eine Regel? Und sie sagte ja. Dann habe ich die Regel gelesen. Und da hat's mich gepackt. Da habe ich gemerkt: diese Berufung kommt nicht von mir, sondern vom Herrn selbst."

Er erzählt vom Gebet, den wichtigsten Zeiten im Tagesablauf. Kurz vor Mitternacht stehe er auf, bete die Matutin. Dann gibt es noch ein paar Stunden Schlaf, bis es um 6.15 Uhr Zeit ist für die Laudes. Meistens folgt dann eine halbe Stunde Dauerlauf. Das Laufen hat für ihn schon einen meditativen Charakter. „Zuerst laufe ich mir davon, dann hole ich mich ein und dann bin ich ganz bei mir."

Den Tag über kommt noch eine der kleinen Horen des Stundengebetes dazu, das Rosenkranzgebet und eine Meditation. Wobei er die ‚Wolke des Nichtwissens' bevorzugt, eine intensive Form des bildlosen Gebetes aus dem Kartäusermilieu des 14. Jahrhunderts. Einmal am Tag, meist gegen 17.00 Uhr, hält er eucharistische Anbetung in der kleinen Kirche. Manchmal folgt darauf die heilige Messe, bei der er als Messner hilft. Nach dem Abendessen dann die Vesper. Gegen 20.30 Uhr legt er sich schlafen. Das Brevier-Gebet liebt er besonders. „Meine Vorliebe", sagt er. „Denn da bekomme ich die Texte, die ich für mein geistliches Leben wieder verarbeiten kann. Wichtig ist aber auch das schweigende Gebet. In der Klause wie auch vor der Eucharistie." Er steht auf und zeigt auf die Gebetsecke. Ein kleiner Erker, höchstens 1,50 im Quadrat. Ein schmuckloser Sekretär, davor ein Stuhl. Auf der Tischplatte ein Mini-Wollteppich, das Brevier, ein Teelicht im Kristallglas. „Hier liegt sonst nichts, kein Schreibkram, nur die heiligen Texte!"

Zweimal im Jahr zieht er sich in die Schweizer Berge, ins Wallis zurück. Hoch oben, in eine kleine Berghütte, in der Nähe nur ein Kapuzinerpater, der dort seit zwanzig Jahren als Eremit lebt. Mit ihm feiert er die Messe, bekommt Rat und Impulse für das geistliche Leben. Impulse wie diesen: ein Eremit sei „die Stelle, wo in den Bergen die Quelle hervorbrechen kann. Da muss ich manchmal tagelang, vielleicht sogar jahrelang im Trockenen sitzen und warten und beten. Aber dann kommt das Quellwasser aus der Tiefe heraus und schafft sich einen Weg durch mein menschliches, hartes Gestein. Irgendwann einmal bricht die Quelle durch. Es ist aber nicht meine Aufgabe, zu schauen, wo dann das Wasser hinkommt! Das ist immer eine Gefahr für den Eremiten. Mancher würde sagen: Da muss Wasser hin und da muss Wasser hin. Nein! Das Wasser sucht sich schon selber seinen Weg." Das Bild von der Quelle hilft ihm, die Situation in der Kirche heute zu verstehen. „Vor ein paar Jahren war ich an der Ruhrquelle. Dort, wo die Ruhr entspringt, kann ich ihr Wasser trinken. Die Ruhr weiter unten ist eine Kloake. Aber die Ruhr lebt heute noch, weil von dieser Quelle immer noch frisches Wasser nachkommt. So ist das auch mit der Kirche, denke ich. Die Kirche, die Diözese, die Pfarrei kann verunreinigt sein, aber sie wird nicht untergehen, weil von den vielen Quellorten, den Betern, den Eremiten immer wieder frisches Wasser kommt."

„Sind Eremiten ein Beitrag zur Erneuerung der Kirche?"

„Es gab immer Zeiten, wo es schwierig war und wo dann das eremitische Leben stark wurde. Wenn ich da so über die Zeit lese, in der Bruder Klaus lebte ... und manchmal war es auch verpönt, weil man glaubte, es ist nur dazu da, seine eigene Seele zu retten. Aber es hat sich wohl jetzt herumgesprochen, dass das eremitische Leben ein Dienst ist. Ein Dienst", da ist er sicher, „der eigentlich immer wichtig in der Kirche ist."

„Wie ist ihr Kontakt zu den Menschen hier in der Pfarrei?"

Der Eremit schmunzelt. „Also, zuerst haben sie gemeint, das muss ein komischer Heiliger sein. Aber dann haben sie gesehen, dass ich doch auf dem Boden stehe." Der Eremit steht auf und bittet für einen Augenblick um Entschuldigung. Der Pfarrer braucht jemanden, der ihn in den Nachbarort fährt. Und der Eremit hilft gern. Eilig verschwindet das kleine rote Auto auf dem Feldweg. Eine gute Gelegenheit, der Schwester aus dem Bistum Paderborn ein paar Fragen zu stellen. Klein, lebhaft und resolut sitzt sie am Tisch. Seit 1984 lebt sie als Einsiedlerin. Angefangen hat sie in einer Wohnung im siebten Stock eines Hochhauses. Auch sie war lange Jahre Mitglied eines franziskanischen Ordens. Die Prägung bleibt. Angefangen hat sie ganz bewusst am Tag des Festes von Portiunkula, dem Gedenktag an die kleine Kirche bei Assisi, in der Franziskus die Worte des Gekreuzigten hörte, die der Auftakt wurden für die Ordensgründung. Und als die Genehmigung kam, im Garten eines Pfarrhauses die jetzige

Klause zu bauen, hat sie selbst mit angepackt, Gräben für die Installation gegraben, geschippt und geschuftet. Entstanden ist eine winzige Zelle mit Dach, drei mal vier Meter groß, mit ‚Single-Küche', wie sie sie nennt. Und einen Anbau für Waschbecken, Toilette und einer Waschmaschine. Innen stehen ein Bett, ein Tisch, zwei Stühle, ein Schrank, ein Bücherregal und eine Gebetsecke. „Mehr nicht, das reicht", meint sie. Das Leben mit der Heiligen Schrift ist für sie ein wichtiger Schwerpunkt. Gelesen hat sie die Bücher der Bibel inzwischen alle. „Zwei Jahre lang anhand der Lesehore, und jetzt meditiere ich sie immer wieder."

Der Eremit ist zurück, der Pfarrer gut chauffiert worden. Wir gehen aus dem Haus. Draußen hat die Hitze kaum nachgelassen. Es ist ruhig. Die Autos von der Landstraße sind nicht zu hören. Am Haus aufgestapelt Holz für den Winter, Hauklötze und Töpfe mit Geranien. Der Eremit zeigt auf die Alpen, die sonderbar nah zu sein scheinen. „Sehen Sie, dort auf der Gindl-Alm liegt noch Schnee. Das heißt, es kann noch Frost geben. Wenn da oben der Schnee weg ist, kommen die Geranien in die Balkonkästen." Ich schaue hoch. Umrahmt von Holzschnitzereien an der Balkonbrüstung und einem großen Giebelkreuz prangt ein Marienbild an der Wand. Maria, rosenumkränzt mit Krone, das Jesuskind mit Stola. „Ein ganz bekanntes Motiv hier in der Gegend", erklärt der Eremit. Wir setzen uns vor das Haus, die Luft ist trocken und würzig. Beide erzählen von Problemen und Konflikten, die an sie herangetragen werden. Die Schwester von Sterbefällen, die sie mitbekommt. Vor allem, wenn der Pfarrer verhindert ist oder in Urlaub und sie das Pfarrbüro versorgt. Viel Schmerz und Leid, das ins Gebet genommen werden muss. Der Eremit von zwischenmenschlichen Konflikten, die auch hier in diesem kleinen idyllischen Dorf nicht selten sind. „Diese Anliegen vor Gott bringen, all die Nöte und Schwierigkeiten, die es so gibt. Das heißt auch, ich muss sie zuerst in mein eigenes Herz nehmen. Das gehört zum eremitischen Leben, all das Unangenehme an mich herankommen zu lassen. Da brauche ich schon ein großes Vertrauen, damit ich das Schriftwort wirklich ernst nehme: Bittet, und es wird euch gegeben."

„Delegieren die Leute denn dann nicht einfach das Beten an Sie?" Er schüttelt den Kopf und lächelt. „Nein, nein, ich nehme mir schon die Freiheit, ihnen auch zu sagen, ihr müsst mitbeten! Manchmal meinen sie zwar, ich hätte die guten Beziehungen, ich sollte man beten. Aber da sage ich schon: ich bin auch nicht besser als ihr, ihr müsst auch beten!"

„Was würden Sie denn einem Menschen raten, der zu Ihnen kommt und sagt: Ich will Eremit werden?"

Einen Moment denkt er nach. „Also, es kommt darauf an, ob er aus einem Orden kommt oder nicht. Aber allgemein ... er müsste auf jeden Fall berufstätig sein, sich seinen Lebensunterhalt selbst verdienen. Das gehört bei uns in jedem Fall dazu. Und er muss Lebenserfahrung haben. Ich sag immer, er muss seinen Heuwagen schon eingefahren haben."

„Jungen Menschen würden Sie das nicht empfehlen?"

„Nein, bei uns ginge es erst so ab 40 Jahren, plus minus etwa."

„Warum nicht Jüngere?"

„Ich würde es so sagen: Der Mensch muss seine Fähigkeiten erstmal ausprobieren, er muss schon wissen, was er kann. Ich sollte meine Talente und auch meine Fehler kennen, sonst ist es im kontemplativen Leben in diesem Alleinsein zu schwer. Und dann natürlich, der Mensch ist in seinen jüngeren Jahren sexuell noch nicht reif. Das kommt dazu." Ein schwieriges Thema. Er sucht nach Worten, nach Verständigungshilfen. Versucht zu erklären, dass es immer wieder eine Art Angriff geben kann, ein Versuch, den Beter vom Beten, vom Vertrauen, von der radikalen Hingabe an Gott abzubringen. „Das gehört auch zum eremitischen Leben! Ich muss nicht gleich hinter jeder Ecke den Teufel sehen. Aber es existiert da schon etwas ..."

„Wie gehen Sie mit solchen Erfahrungen, mit solchen Erlebnissen um?“

„Ich antworte positiv, so in dem Sinne: Jesus ist stärker.“

Die Sonne ist hinter das Haus gewandert. Die Gindl-Alm bekommt langsam einen sanften Schleier. Der Eremit erzählt von der Berghütte, in die er sich gerne endgültig zurückziehen würde. „Ich weiß, das hier ist ein Dienst, eine Berufung. Aber ich frag schon den ‚Chef‘ ab und zu, was er dazu meint.“ Zum Schluss geht er ans Klavier. Spielt weich und klar das Ave Maria von Bach/Gonoud. Und zeigt ein wenig schüchtern Gedichte. Entstanden in der Stille der Nacht, im Gebet an der Schwelle zum Tag.

***Jinan***

Sonne, golden im
Morgentau – Rosenglück.
Vergangen die Nacht,
erwart ich den Tag.

Und
leuchtendes Rot in der Rose,
ihr offenes Antlitz –
Herbstmilch sie trank.

Am gelben Fluss,
lehmig der Grund;
Rosenblatt tanzend im Blau –
samtweich ihr Raum.

Und
Menschen in Zhong Guo,
sind sie wie Rosen?
Der Mensch ein Blütenkelch
im rötlichen Morgen.

## Klause Egg

Die Einsiedelei liegt im Schwarzwald, etwas versteckt an einem kleinen Feldweg. Ringsherum dämmen hohe Tannen alle Geräusche ab. Ein Zaun umgrenzt den Garten. Auf dem Dach ein winziges Türmchen, die Abdeckung eines Schornsteins. Vogelstimmen sind zu hören, ein Eichelhäher, ein Specht, vielleicht von Zeit zu Zeit die Stimmen einiger Wanderer, sonst nichts.

Seit August 1971 leben hier in der Klause Egg drei Schwestern aus dem Trappistenorden als Eremitinnen. Sie wollen ein Leben des Gebetes für die Kirche leben, stellvertretend für andere. Ausharren im Gebet und Ausschau halten nach der Wiederkunft des Herrn. In der Hoffnung, durch diesen ‚Gebetseinsatz' mitzuhelfen an der inneren Erneuerung der Kirche.

Besuche würden sie nicht empfangen, schreibt eine von ihnen auf meine Anfrage. Und: „Wollen Sie dies bitte nicht als Unfreundlichkeit verstehen." Ihre Abgeschiedenheit ist groß. Bewusst und freiwillig wird jeder Kontakt vermieden, soweit möglich. Zwei der Schwestern haben ihre Ordensgelübde beibehalten. Die dritte Eremitin legte 1977 ein Eremitenversprechen ab.

*„Heilige Dreifaltigkeit,*
*Vater, Sohn und Heiliger Geist – Ewiger Gott:*
*Ich, Schwester ... verspreche Dir in Gegenwart unserer*
*himmlischen Mutter, der seligsten Jungfrau Maria,*
*aller Engel und Heiligen, Dir als Eremitin zu dienen,*
*so gut ich es vermag mit Einsatz aller meiner Kräfte,*
*durch Gebet, Schweigen und Einsamkeit.*
*Herr Jesus, ich will Dir auf diesem Weg nachfolgen*
*in Gehorsam, Reinheit und Armut,*
*indem ich Dein Gebot der Liebe mit aller Kraft befolge*
*und Deinen heiligen Eingebungen mit Deiner Hilfe*

*in allem gehorche; indem ich Dir ungeteilt mein ganzes Sein übergebe und Dir Treue verspreche bis in den Tod; indem ich Dir Genügsamkeit und Bescheidenheit verspreche im Besitz und Gebrauch der materiellen Dinge.*
*Heilige Dreifaltigkeit, Ewiger Gott:*
*durch Dein Erbarmen lege ich dieses Versprechen ab und bitte Dich um Deinen Beistand. Es segne mich der Vater, der Sohn und der Heilige Geist. Amen."*[8]

Ihr Tagesablauf ist auf das beständige Gebet ausgerichtet. Jede Schwester betet die einzelnen Horen, die Gebetsstunden des Tages und der Nacht allein. Und unablässig versucht sie im mündlichen Gebet, in der Meditation und in der Betrachtung den Geist und das Herz auf Gott hin auszurichten. Fünf Stunden sind ausdrücklich Gebetszeit. Vier bis fünf Stunden am Tag ist Zeit für die notwendigen Arbeiten in Haus und Garten. Ein eigenes Gebetbuch, das eremitische Stundenbuch, umfasst eine Hore für die Nacht und drei Horen am Tag. Zu jeder Hore gehören Psalmen, eine Lesung und ein Hymnus, als Abschluss eine Oration. Viele der Hymnen stammen aus der Ostkirche. Die Gebete sind aus der römischen Liturgie oder von Schwester Gertrudis verfasst, einer der Einsiedlerinnen in Klause Egg.

Schwester Gertrudis schreibt über den Sturm von Anfragen, der in den ersten Jahren über Klause Egg und seine Bewohnerinnen hereinbrach. Wie schon früher im Kloster hätte sie als Antwort darauf Schriften verfasst über das Leben in der Klause und über eremitische Spiritualität. Auf einem Umschlag ihrer Bücher steht ein Zitat von Martin Buber: „Von der Welt wegblicken, das hilft nicht zu Gott. Auf die Welt hinstarren, das hilft auch nicht zu ihm. Aber wer die Welt in ihm schaut, steht in seiner Gegenwart."

Priester aus der Umgebung würden mit ihnen die heilige Messe feiern in einer kleinen Kapelle, die an die Klause angebaut wurde, berichtet Schwester Gertrudis. Und „Wir leben im Vertrauen auf die Vorsehung, und so hat es uns noch nie am Nötigsten gefehlt."

Das Leben in Klause Egg scheint monoton zu sein. Immer nur Schweigen, immer nur Beten. Und doch ist es ein beständiges Vertiefen, ein immer konsequenteres Versenken in den, aus dessen Lebendigkeit, aus dessen Schöpferkraft alles hevorgeht und sein Leben erhält. Schweigen ist für die Schwestern kein tödliches Verstummen, sondern ein erfülltes Hören, ein Lauschen auf den, der das Leben gibt. „Dein Schweigen habe nichts zu tun mit innerer Leere oder äußerer Starre. (...) Du schweigst, weil Gott gegenwärtig ist und seine Nähe dich innerlich in Anspruch nimmt. Es sei das Schweigen einer Liebenden, die von ihrem Du erfüllt ist."[9]

## Sehnsucht nach der Wahrheit

### *Ein Interview*

Nicht immer leben Menschen in der Zurückgezogenheit, versuchen in der Stille einen Weg zu Gott zu finden und gehören zu den kirchlich anerkannten Eremiten. Manchmal trägt ein Leben freiwillig und bewusst eremitische Züge, ohne sich öffentlich in das Leben der Kirche durch Ablegen eines Versprechens oder Gelübdes einzubinden. Barbara, Jahrgang 1950, lebt in einem kleinen Dorf in der Nähe eines Klosters. In ihrem Leben haben Stille und Zurückgezogenheit, Gebet und Meditation einen breiten Raum; für ihre Kinder und das Enkelkind ist die Tür aber immer offen. Sie publiziert zum Thema Spiritualität, hält Vorträge und ist zeitweilig Ansprechpartnerin für die Menschen in ihrer Umgebung.

*Barbara, wie ist es zu dieser Lebensform gekommen?*
Barbara: Es ist sicher ein quasi eremitisches Leben, das ich führe, mit den anderen Einsiedlern nicht vergleichbar. Denn ich habe noch relativ viele Kontakte vor allem zu meinen Kindern und dem Enkelkind. Aber wie ist das gekommen? Also bei mir war das nicht so ein paulinischer, franziskanischer oder ignatianischer Weg mit einem Bruch, einer Umkehr, wie man das häufig in einer spirituellen Biografie findet. Sondern es war eigentlich ein ganz kontinuierlicher Werdeprozess. Ich bin in einem katholischen Elternhaus groß geworden und war auf einer Nonnenschule, bin direkt neben einem Kloster aufgewachsen. Und hatte so auf ganz natürliche Weise viel Kontakt zu christlicher Spiritualität, zum Klosterleben. Auch an meinem Studienort fand ich sehr schnell Kontakt zu einem Benediktinerinnenkonvent. Das spirituelle Leben war also immer ein ziemlich dicker Strang. Dann war ich verheiratet, bekam drei Kinder, und auch während meiner Ehe ist das immer so weiter gelaufen. Nach der Schei-

dung kam dann ein Impuls, jetzt kann es sich verstärken, jetzt muss es sich verstärken, das Spirituelle kann mehr Raum bekommen. Als die Kinder versorgt waren, hatte ich mir vorgestellt, in einen Orden einzutreten. Dieser Plan ist dann vereitelt worden dadurch, dass ich krank geworden bin. Die Krankheit hat sich zwar relativ schnell wieder zurückgebildet, hätte aber dennoch ein Klosterleben zumindest sehr schwierig gemacht. Ich wäre aber damals schon in ein Kloster eingetreten mit dem Gedanken, irgendwann einmal eremitisch leben zu wollen. Ich habe mich dann in der Nähe des Bodensees in einem Bauernhaus niedergelassen, neben dem eine wundervolle romanische Kapelle stand, in der ich das Stundengebet halten konnte. Da habe ich in aller Stille gelebt, bis auch dieser Plan durch ein das Licht der Welt erblickendes Enkelkind durchkreuzt wurde. Für das ich erstmal sorgen musste und auch gern gesorgt habe.

*Sie leben hier seit wann?*
In diesem Dorf lebe ich jetzt seit knapp zwei Jahren.

*Wie sieht Ihr Tagesablauf aus?*
Meistens stehe ich um fünf Uhr auf und gehe dann oft in die Matutin ins Kloster. Oder ich beginne den Tag mit einer Zen-Meditation, zweimal eine halbe Stunde. Danach Frühstück, dann Arbeit. Und die Arbeit kann mal Haus- und Gartenarbeit sein, oder Vorträge vorbereiten, schreiben und auch für andere Menschen da sein. Außerdem muss ich viel lesen. Dann kommt um 11.15 Uhr das Hochamt in der Abteikirche, danach esse ich zu Mittag und halte eine Stunde Siesta. Am Nachmittag wieder Arbeit, lesen, schreiben. Und nach dem Abendessen gehe ich zum Nachtgebet, zur Komplet in das Kloster. Danach meditiere ich noch zweimal eine halbe Stunde.

*Wie sind Sie auf das christliche Zen gekommen?*
Ich habe sehr lange nach einem geistlichen Begleiter gesucht

und niemanden gefunden. Einer Schriftstellerkollegin habe ich dieses Leid einmal geklagt, und die sagte mir, sie kenne einen Einsiedler, ich solle doch bei dem einmal nachfragen. Ich habe mir dann den Namen notiert, und dieser Name hat dann noch einige Zeit auf meinem Schreibtisch gelegen. Erst 1994 habe ich diesem Einsiedler geschrieben und vorsichtig gefragt, ob er sich eine Begleitung vorstellen könnte. Er hat positiv geantwortet. Und er macht Zen.

*Welches Ziel, welchen Sinn hat dieses Leben für Sie?*
Mein Vater hat von mir immer behauptet, ich sei ja ein lieber Mensch, aber ein fürchterlicher Wahrheitsfanatiker. Und ich glaube, damit hat es was zu tun. – Von dem Fanatismus hoffe ich nicht, dass der mich heute noch prägt. Aber eine große Sehnsucht nach der Wahrheit, die ja ein Synonym für Gott ist. An der Uni, an der ich studiert habe, steht: Die Wahrheit wird euch frei machen. Als ich das damals bewusst gelesen hatte, wusste ich, hier bleibe ich und studiere. Also die Wahrheit suchen, das heißt, in diesem stillen, zurückgezogenen Leben auf den Grund kommen. Als Kind wollte ich Tiefseetaucherin werden, als Jugendliche Psychotherapeutin – was ich dann auch geworden bin – und zwischendurch auch einmal Archäologin. Jetzt gehe ich diesen spirituellen Weg, und ich glaube, da ist alles drin. Ich glaube, in den Apophthegmata gibt es diese wunderschöne Geschichte, wo ein Altvater gefragt wird, worin die Erfahrungen der Einsiedelei bestehen. Der Altvater führt ihn zu einem Brunnen, wirft einen Stein hinein und fragt: Was siehst du? Der andere sagt: nichts, denn das Wasser bewegt sich. Nach einer Weile fragt der Altvater wieder: Was siehst du? Der andere sagt, jetzt sehe ich mein Gesicht, denn das Wasser ist ruhig. Jetzt sehe ich mich selbst. Es ist ein Klärungsprozess, ein Läuterungsprozess, ein Prozess der Wahrheitsfindung. Immer mehr zu mir, immer authentischer werden, immer ehrlicher, offener, transparenter, in beiden Richtungen nach außen und innen.

Wer versucht, sich selbst auf den Grund zu kommen, findet dabei, ich möchte fast automatisch sagen, Gott.

*Was oder wie ist Gott?*
Muss ich passen ... oder vielleicht: das Ziel meiner Suche oder das, was mich bewegt. Augustinus sagt ja: unruhig ist unser Herz, bis es Ruhe findet in dir. Das könnte ich auch so sagen. Aber wie oder was Gott ist ... das hätte ich Ihnen vor zehn Jahren mutig erklärt. Was er für mich ist. Heute muss ich sagen, ich bin auf diesem spirituellen Weg, auch durch die Zen-Meditation, in einen Prozess hineingewachsen, der auch noch im Gange ist, in dem die Vorstellungen, die Bilder fallen. Und ich bin auch froh und dankbar, dass sie fallen! Denn unsere Vorstellungen sind nicht Gott! Und unsere Bilder, so schön sie sein mögen und so sehr sie auch hilfreich sind, sie verstellen auch die Sicht. So geht es auch darum, die Vorstellungen loszulassen. Aber dann steht nicht sofort Gott da, so wie er wirklich ist. Da entsteht Leere, und dann entstehen Nachterfahrungen, ich könnte auch sagen, Nicht-Erfahrungen. Das ist auf der einen Seite ein sehr schmerzlicher Prozess, weil das Vertraute, das Tröstliche, das Haltgebende sich entzieht. Auf der anderen Seite auch eine Chance für die Liebe, Gott so sein zu lassen, wie er ist. Obwohl man noch nicht weiß, wie er ist.

*Glauben Sie, dass das Auswirkungen hat auch für andere Menschen?*
Ich denke, eine Beziehung zu anderen Menschen besteht auf jeden Fall. Ich glaube, nichts, was in der Welt an Gutem, Heilem, an Gott Zugewandtem entsteht oder erblüht, geht verloren. Es hat immer mit allen Menschen zu tun. Und manchmal kommen ja auch Menschen zu mir, stellen Fragen. Fragen über den Weg, und es entstehen Gespräche.

*Ist Ihre Berufsausbildung, Ihre Berufserfahrung dabei eine Hilfe?*
Es ist vielleicht eine Hilfe, weil ich natürlich durch die psy-

chologische Praxis gelernt habe, mit dem sogenannten dritten Ohr zu hören. Also hinter die Worte der Menschen zu hören. Und das ist eine Hilfe. Erschwerend ist es insofern, als ich sehr geeicht darauf bin, psychische Schwierigkeiten mit psychologischen Methoden anzugehen und zu beheben. Davon mich zu lösen, gehört sicher auch zu dem Prozess, in dem ich stehe. Jetzt die Menschen, Patienten (einige habe ich noch), in einen größeren, weiteren Zusammenhang zu stellen, von Gott her zu beleuchten, vom Spirituellen her zu sehen. Ich denke, das Spirituelle ist der weitere Kontext, in dem das Psychologische eine Sichtweise sein kann, so wie das Medizinische.

*Kann Psychologie also auch verengen?*
Ja, ich denke, der spirituelle Blick ist einfach der weitere. Wenn ich den Menschen aus der spirituellen Blickrichtung anschaue, umfasse ich alles.

*Wenn Sie in die Zukunft schauen, was für Pläne gibt es da, was wünschen Sie sich?*
Im Augenblick ist kein konkreter Plan da, aber das hat mit einem Laufen-Lassen nichts zu tun. Tag für Tag, hier und jetzt, Schritt für Schritt. Und das ist der Weg. Natürlich, das Fernziel ist Gott ... wie immer er ist. Bei Cassian gibt es eine schöne Geschichte dazu. Ein Altvater fragt Cassian und Germanus: Was wollt ihr denn überhaupt? Da sagen beide: Ja, den Himmel! Und der Altvater darauf: Den Himmel? Gut und schön, aber das ist das Endziel. Und damit kommt ihr nicht weit. Da verdurstet ihr unterwegs. Ihr braucht auch ein Nahziel. Und was ist das Nahziel? Das Nahziel ist die puritas cordis, die Reinheit des Herzens.

## Besuch bei einem Altvater

Die Klause kommt in Sicht. Was für eine Überraschung! Erstaunlich umfangreich schmiegen sich die einzelnen Gebäude in den Waldrand hinein. Fast wie ein orthodoxes Kloster mutet das sattgelbe Gemäuer mit dem Zwiebeltürmchen an. Die Landstraße macht eine sanfte Kurve. Die Auffahrt endet vor dem Eingang zur Kerzenkapelle. Direkt daneben eine Quelle, umgeben von Rosen. Über dem Auffangbecken ein Spruch aus der Offenbarung des Johannes: „Fürchtet Gott und erweist ihm die Ehre! ... Betet ihn an, der den Himmel und die Erde, das Meer und die Wasserquellen geschaffen hat.“ (Offb 14,7)

Ein paar Stufen hinauf, vor der Tür ein Klingelzug. Der Griff ein Kreuz, geschmiedet aus zwei eisernen Stangen. Drinnen scheppert eine Glocke. Wenig später öffnet sich in der Tür eine schmale Klappe. Zuerst fällt nur der dichte Bart auf. Dann die Lachfältchen rund um die blauen Augen. „So, so, Sie sind schon da.“ Ein wenig brummig, die Reaktion darauf, dass ich zu früh gekommen bin. Aber herein darf ich doch. Frater Bruno, Altvater und Administrator der Eremitenverbrüderung in der Diözese Regensburg, dreht den Schlüssel herum und macht die Tür auf. 82 Jahre ist er alt. Das Haar ist weiß. Der Bart, der auf den braunen Habit fällt, auch. Um den stattlichen Bauch der franziskanische Strick. Seit 37 Jahren gehört er der Eremitenverbrüderung an. Über 18 Jahre davon lebte er auf einer der Außenklausen der Gemeinschaft.

Journalisten gegenüber ist er vorsichtig geworden. Obwohl er selber aus dem Zeitungsmilieu stammt – bis zu seinem Eintritt arbeitete er als Korrektor bei einer großen norddeutschen Tageszeitung. Aber Reportagen über Eremiten hält er für sehr fragwürdig. „Von der Kirchenpresse werden wir als Heilige dargestellt, von der weltlichen Presse gern als Narren, Sonderlinge, Aussteiger.“ Die Einseitigkeit sei einfach peinlich! Ideal wäre es, wenn der nüchternen Wirklichkeit des Einsiedlerlebens die Ehre gegeben würde.

Der überraschend große Gebäudekomplex ist die Mutterklause der Eremiten-Gemeinschaft. Seit Ende des 18. Jahrhunderts traten hier die Anwärter, die Postulanten ein. Die Regensburger Eremitenverbrüderung hatte als einzige ihrer Art nach der Aufhebung von 1804 einen Neu-Anfang erlebt. Zurzeit gehören ihr drei Professen, das heißt Brüder mit Ewigen Gelübden, an und ein Novize.

Das Sprechzimmer am Ende des schmalen Ganges ist schmucklos. Frater Bruno holt Gläser und eine Tüte Apfelsaft. Dann setzt er sich mir gegenüber.

Ein prüfender Blick. „Gut, jetzt sind Sie dran." Ich frage ihn nach seiner Geschichte, nach seinem Werdegang.

„Hier im Mutterhaus bin ich 1963 eingetreten. Und auf die Außenklause bin ich 1967 gekommen und dort geblieben bis 1986. Dann habe ich die Leitung übernehmen müssen! Ich habe mich zwar im Rahmen des Gehorsams so lange gewehrt, wie ich konnte – immerhin 11 Jahre! –, aber dann musste ich sie übernehmen. Und stellte fest, es geht."

Ein wenig Schalk scheint in seinen Augen dabei aufzublitzen. Und wie sieht er dieses Leben? „Was ist das Wichtigste für Sie nach so vielen Jahren?"

„Also, zunächst einmal, der erste und vornehmlichste Zweck unserer Gemeinschaft, der Kongregation, ist die Verherrlichung Gottes! Und das in einem Leben der Nachfolge Christi durch das Einhalten der drei evangelischen Räte sowie der besonderen Zurückgezogenheit von der Welt – ein Punkt, der mir sehr am Herzen liegt!"

„Ja, die beata solitudo, die selige Einsamkeit." Ich nicke. Frater Bruno runzelt die Stirn. Und schüttelt den Kopf. „Also solche Lobreden ... die kommen oft von Personen, die man etwa Anachoreten auf Zeit nennen könnte. Ihre Einsamkeit ist kaum zu vergleichen mit zum Beispiel jener der Eremiten und Wüstenmönche der Thebais oder der sketischen, der ägyptischen Wüste. Das waren damals meist abgehärtete Bauern, Handwerker, Fischer, alles Leute, die diese rauhe Lebensweise aushalten konnten. Wenn wir heute so leben würden, wären wir wohl schnell am Ende."

Ich bin etwas verdutzt. „Ist denn die Einsamkeit für Sie nicht mehr erstrebenswert?"

„Natürlich! Ich bleibe allein, bis ich umfalle! Aber die Leute, die über die Einsamkeit jubeln, wissen oft nichts von ihrer Schwere, von der Vereinsamung, die wohl jeder Einsiedler irgendwann zeitweilig zu spüren bekommt – trotz echter Berufung zum eremitischen Leben. Jeder Mensch ist doch und bleibt ein soziales Wesen. Im Normalfall hineingeboren in die Gemeinschaft einer Ehe, einer Familie und aufgewachsen in ihr. Auch eingegliedert in eine Gemeinde, in eine Schule. Darum kann sich ein Mensch die Berufung zur von Gott geweihten Einsamkeit noch weniger selbst geben als eine Berufung zum Weltpriestertum zum Beispiel."

„Aber diese Vereinsamung, woher kommt die?"

„Ja, wann tritt sie auf ... die Ursache kann schuldhaft sein. Vernachlässigung der geistlichen Übungen, also Gebet und so weiter, kann den Geschmack am anachoretischen Leben verlieren lassen. Gott kann auch die Berufungsgnade dem entziehen, der sie leichtfertig aufs Spiel setzt. Der sie nicht treu hegt und pflegt. Eine weitere Ursache kann die Flucht zu den Menschen sein, statt die schwierigen Zeiten auszuhalten. In Form von unnötigen Hausbesuchen zum Beispiel. Die Flucht bewirkt dann genau das Gegenteil, die Vereinsamung wird hinterher noch stärker. Eine besondere Form der Vereinsamung gibt es bei bestimmten Funktionsträgern sehr streng beschaulicher Orden. Gerade Mitglieder, die längere Jahre hindurch ungestört ihrem eigenen Ordensideal leben durften, bekommen ein Ordensamt anvertraut, durch das sie in den intensiven Kontakt mit Weltleuten gedrängt werden. Das Zurückfinden in die frühere Lebensweise überfordert dann oft die psychische Kraft, und eine innere Vereinsamung ist die Folge. Bei uns wurde allerdings die umgekehrte Erfahrung gemacht. Unsere Altväter sehnten sich immer glühend nach ihrer Außenklause zurück und litten sehr darunter, wenn sie im Gehorsam noch eine weitere Periode Altvater sein mussten."

Wir gehen durch das untere Stockwerk. Nach kurzem Überlegen war er bereit, mir die Klause zu zeigen. Hinter dem Eingang eine Stufe, ein Gang, am Fenster lehnt ein Fahrrad. Nicht gerade das neueste Modell, aber augenscheinlich in Gebrauch. „Mein Rolls Royce", zeigt der Eremit mit einer knappen Handbewegung darauf. „Ich bin leidenschaftlicher Radfahrer ...", und mit einem Augenzwinkern, „... aber ich habe mir vorgenommen, nicht über Hundert zu fahren." Rechts eine Tür. Dahinter das Bad, das er nicht so gern zeigt. Schließlich hängt dort seine Wäsche ... Gut, also nicht zugänglich für mich. Die Küche liegt gegenüber. Ein Raum, der seltsam leblos wirkt. Meinen Blick deutet der Altvater richtig. Er schüttelt den Kopf. „Mein Vorgänger konnte hervorragend kochen. Ich koche mit dem Brotmesser, das geht auch. Und ich lebe noch." Und er erzählt, wie sich hier in der Mutterklause einmal vor langer Zeit ein Domkapitular auf die Bischofsweihe vorbereitet hätte, als sein Vorgänger im Amt gewesen sei. Der hätte den hochwürdigsten Herrn exzellent bekocht. „Wenn ich da gewesen wäre, wäre der nicht gekommen."

Eine Holztreppe führt nach oben. Altvater Bruno geht langsam mit Pausen. Unten wie oben überall Bücher und Bilder. Ab und zu alte Heiligenfiguren und eine Madonnenstatue. Und Kartons, beklebt mit sorgfältig beschrifteten Zetteln. Seit Amtsantritt hat er eine Putzfrau. „Alles kann ich nicht tun. 82 Jahre sind 82 Jahre. Und ich bin sparsam, da ist das Geld für die Putzfrau drin."

Oben neben der Treppe eine Tür. „Das ist Klausur. Also für Besucher zur Besichtigung nicht zugelassen", erklärt er. Geradeaus ein großer, lichtvoller Raum. An den Wänden Regale voller Bücher, überall kleine Papierstreifen, sorgsam beschrieben: Li-Liturgie, Or-Orden, P-Politik. Alte Dielen, alte Holzvertäfelung, alte Tische, braun übergestrichen, Stühle. Auch auf den Tischen Bücher, Heiligenfiguren, Ordner mit Akten. Gitter vor den Fenstern. Eines ist offen. Herein schallt das Geschmetter eines Buchfinken aus dem Wald, der hinter der Klause beginnt. „Das ist unser alter Kapitelsaal. Den wollten schon viele gerne mieten. Aber für Kaffee- und Kuchen-Veranstaltungen gebe ich den nicht her."

Frater Bruno erzählt von den Treffen der Gemeinschaft, die hier stattfinden. Alle Mitglieder kommen einmal im Jahr zur Jahreskonferenz in die Mutterklause: der Einsiedler aus der Klause in der Schweiz, die in der Nähe eines winzigen Dorfes liegt, das nur per Drahtseilbahn zu erreichen ist; der Eremit, der auf der Klause lebt, die in der Nähe eines Prämonstratenserkloster liegt; der Benediktinerpater, der zurzeit auch den Novizen unterrichtet, der in der Noviziatsklause im Bistum Regensburg wohnt.

„Jedes Jahr im Juli treffen wir uns hier. Der Juli ist günstig. Da brauchen wir keine Heizung."

„Haben Sie viele Anfragen oder Bewerber?"

„Im Augenblick sind drei Bewerber da. Aber man muss abwarten." Über dieses Thema hat Altvater Bruno schon vor Jahren einige Texte zusammengestellt. Denn Anfragen bekommt er viele, aber die meisten Bewerber haben keine echte Berufung, glaubt er. „Da sind zum Beispiel die ‚Satelliten'. Dieses Scherzwort stammt von meinem Vorgänger. Es bezeichnet jene, die zwar ständig um die Eremitenverbrüderung kreisen, aber nie landen. Besuche, Briefe und Telefonate dieser Menschen bedeuten manchmal eine schwere Last für den Altvater. Oder die Labilen. Sie versuchen es beruflich mal hier, mal dort, halten aber nie durch. Wir fordern darum auch als Voraussetzung für den Eintritt einen Berufsabschluss. Im weiteren Sinne zählt zu dieser Gruppe auch der Bewerber, der von einem Orden zum anderen, von einem Kloster zum anderen wandert und nirgendwo Fuß fasst. Irrtümlich glauben sie dann, dass sie auf einer Außenklause, getragen und gefördert von einem Eremitenorden, die Erfüllung ihrer Sehnsucht nach innerer Ruhe finden. Aber die gottgeweihte Einsamkeit ist wahrhaftig kein Ort für labile Charaktere. Das gilt auch für die geistig und seelisch Kranken! Die Einsamkeit der Klause kann für sie sehr gefährlich sein und bis zum Selbstmord führen. Oder die ‚Gebundenen': Es stimmt jedes Mal traurig, Menschen zu begegnen, die bestens für unsere Eremitenverbrüderung geeignet zu sein scheinen, aber durch Ordensgelübde oder die Ehe gebunden sind. Da bricht dann schon die Frage auf: War ihre Entscheidung eine Fehlentscheidung oder Gottes weise Fügung?"

„Und wen zählen Sie zu den echten Berufungen?" „Kurz und bündig – alle, die ein vorbehaltloses Ja zu unserer Drittordensregel und zu unseren Konstitutionen sprechen können. Und die sich ernsthaft bemühen, diese konkret zu leben!"

Oben unter dem Dach zeigt er mir noch die winzigen Zellen, in denen die Brüder schlafen, wenn sie sich im Juli treffen. Einige sind im Moment ziemlich voll gestellt. „Na ja, das ist gerade eine groß angelegte Rumpelkammer", entschuldigt er sich.

„So, jetzt haben Sie alle unsere Geheimnisse entschleiert", sagt er, und wir wandern die beiden engen Treppen wieder hinunter. Ein kurzer Blick auf den kleinen Mönchschor auf der Orgelempore der Kirche. „Hier haben die Brüder damals gemeinsam Rosenkranz und Brevier gebetet. Aber es hat sich bald herausgestellt, die Brüder beten Rosenkranz und Brevier lieber allein."

Wir steigen tiefer, noch ein Gang, noch ein paar Stufen. Es fällt schwer, die Orientierung zu behalten. Ganz unten die alte Sakristei und die Werkstatt für die Kerzen. Frater Bruno öffnet einen Schrank, zeigt stolz auf die Messgewänder. Schwere Seide und Brokat leuchten im Dämmerlicht eines kleinen Fensters. Das Glanzstück ziert prächtige Gobelinstickerei. Behutsam hängt er die zum Teil sehr alten Kostbarkeiten wieder zurück. Auch die alte Monstranz darf ich sehen. Ein filigranes Schmuckstück, golden und ehrwürdig. „Ich betrachte diese Arbeit hier als Dienst, nicht als Ehre", bemerkt er nachdrücklich.

Dann gehen wir hinauf zur Kirche. Frater Bruno entschuldigt sich für einen Augenblick. Es ist Zeit, den Angelus zu läuten. Dünn und hell tönt wenig später die kleine Glocke. Ich stehe in der Kirche. Bete leise mit. Fliegen summen, Jungvögel piepsen. Die Kirche ist etwa 250 Jahre alt. Die Klause etwas älter. Sie feiert ihren 300. Weihetag im Jahr 2002. Dafür wurde jetzt schon alles nach und nach restauriert. Von Grund auf wurde zum Beispiel das Mauerwerk in Stand gesetzt. Für die Gesamtrenovierung musste eine dreiviertel Million aufgebracht werden. „Aber wir sind schuldenfrei! Alles bezahlt."

In der Kirche dunkles Gestühl, Eiche, die Spuren vieler Beter sind ins Holz gegraben. Überall Kerzen, liebevoll verziert. Direkt vor der Kommunionbank brennt das Jahr-2000-Licht. An der Wand ein Bild: die Wüstenväter Antonius der Große und Paulus von Theben. Rechts ein großes Ölgemälde von Antonius von Padua und links eines, das den heiligen Franziskus von Assisi zeigt. Hinweise auf die Zugehörigkeit zum Dritten Orden des Franziskus. Erst 1992 endete die sogenannte Aggregation mit dem Orden. Die Brüder leben seitdem in der neuen Rechtsform des Canon 603. Fünf große Wallfahrten finden in jedem Jahr statt. Und immer sind Menschen zum Gebet in der Kirche, stecken Kerzen in der Kerzenkapelle an, sprechen Fürbitten. Und fragen den Altvater aus, wenn er sich manchmal draußen blicken lassen muss, um Kerzen nachzufüllen oder das Ewige Licht auszuwechseln. Ein Mann von wenigen Worten ist er eigentlich nicht. Aber auch ihm fällt es schwer, den heutigen Menschen begreiflich zu machen, was ein Leben des Gebetes und der Zurückgezogenheit bedeutet, was es „bringt", wozu es gut ist. Für seine jahrelange Arbeit als Organist in der Kirche bei seiner Außenklause sei er immer gelobt worden, manchmal überschwänglich. Sein Gebet aber ...? „Es ist immer wieder das alte Lied. Der Mensch wird nicht geschätzt als der, der er ist. Sondern nur im Hinblick auf das, was er tut. Auf seine Leistung kommt es an, nicht auf sein Sein." Diese unmenschliche Sichtweise kann ihn heute noch wütend machen. „Da haben manche einen Charakter wie eine Sau, aber sie werden hochgejubelt. Heute zählt nur das, was nach außen gerichtet ist. Die Person zählt nichts."

Zum Schluss zeigt mir Frater Bruno noch einen Teil des Gartens. Die Gemüsebeete sind verpachtet. Aber auf dem großen Hangstück hinter der Klause enden weiterhin die Fußwallfahrten mit heiliger Messe im Freien, und es finden Maiandachten statt. Tannen ringsherum, am Weg Akeleien in prächtigen Farbschattierungen. Eine Geschichte fällt Frater Bruno noch ein. „Ich darf Ihnen ja auch einmal etwas Lustiges erzählen? Es ist auch schon lange her. In den Außenklausen hat ja keine Frau Zutritt. Aber mich hat einmal eine Lehrerin aus meiner Heimat besucht, mit Mann und Kindern, die etwas mitgebracht hatte. Ich machte die Tür auf, sie sollte es mir in die Hand geben, denn die Klause ist ja Klausur. Aber nein! Sie wollte es unbedingt auf den Tisch stellen – aus Neugier natürlich. Es entstand ein richtiger Zweikampf. Das war ein Mordstrumm von Weib ... ihr Mann und die Kinder haben schallend gelacht ... und ich habe verloren. Sie hat mich in meine Küche hineingedrängt und den Korb triumphierend auf den Tisch gestellt. Die Klausurbestimmungen der katholischen Kirche interessierten die evangelische Pfarrerstochter überhaupt nicht."

Die Freundin, die mich von München hergefahren hatte, wartet schon. Ein herzlicher Dank, „grüssen Sie mir Norddeutschland!“ Wir fahren los. Erst auf der Straße fällt mir ein, dass ich den alten Eremiten eigentlich um seinen Segen hätte bitten sollen. Beim Umwenden und einem letzten Winken sehe ich, nicht nötig. Altvater Bruno zeichnet ein großes Kreuz in die Luft und schickt uns seinen Segen hinterher.

## Mitten im Ruhrgebiet

Im Winter ist es noch stockdunkel, wenn sie sich zum ersten Mal vor den Tabernakel kniet. Draußen geht dann alles zur Arbeit, rennt zum Bus, dreht die Morgennachrichten im Autoradio lauter. Drinnen flackert das schwache Licht der Kerzen, sickert durch die Kirchenfenster nach außen. Erinnert die Dorfbewohner daran, da betet jemand für uns, für mich. Sie nimmt sie alle mit hinein in dieses Gebet, in das Schweigen, in die Beziehung zu Gott.

Die erste Station heute morgen war der Hauptbahnhof einer Großstadt. Die erste Station auf dem Weg zu einer Klause mitten im Ruhrgebiet. Im Bahnhofsgebäude überall Pendler und Schülergruppen. Die übliche Schlange vor der Bäckertheke; dampfender Kaffee, belegte Brötchen, Blitzfrühstück im Stehen. Umsteigen auf den Bus, hinein zwischen Walkman's und Bildzeitungen. Auf den hinteren Plätzen Jugendliche, die Physikformeln auf Spickzettel notieren. In der Stadt waren die ersten Geschäfte bereits offen. Der Bus fuhr seine Schlängeltour von Haltestelle zu Haltestelle. Quälte sich durch die Fußgängerzone voller Lieferanten-LKW's. Hausfrauen vor den Sonderangeboten. Fensterputzer, die noch eifrig den Durchblick auf die aktuelle Mode polieren. Dann alte Fabrikgebäude, dazwischen Wohnhäuser, viel Grau in Grau. Ein Haus blendet heraus mit maisgelb neuer Fassade. Im Vorbeifahren werden die Seitenwände sichtbar – in großen Placken bröckelt der Putz ab. Potemkin lässt grüßen. Rechts taucht ein Schilderturm auf. Unter den Handwerkssymbolen leuchtet schwarz-orange das Kolpingzeichen auf. Der Bus verlässt die Innenstadt, fährt durch verschiedene Wohnviertel. Wie lebt hier eine Einsiedlerin? Der Glaspalast eines Autohauses, dann ein Friedhof und auf einmal dörfliche Umgebung. Ein wenig Wald, danach langgezogene Pferdeweiden, Schrebergärten, ein Campingplatz. Ein Riesenfeld „Erdbeeren zum Selberpflücken". Die gewaltige Autobahnbrücke über dem Tal mit ihrem kilometerlangen Stop-and-Go-Verkehr ruft ins Gedächtnis zurück, wo ich bin: mitten im Ruhrgebiet, dem dicht besiedeltsten Raum Deutschlands. In dieser Umgebung hier könnte man das glatt vergessen.

Dann kommt die Kirche in Sicht. Heller Stein und ein trutziger Turm, der wie ein Wächter aufragt über dem Mittelschiff, in dessem Innern barocke Kleinodien auf Bewunderer warten.

In das Pfarrhaus dahinter ist sie vor kurzem eingezogen. Schwester Annegret Maria, Mitglied der Eremitinnen-Gemeinschaft ‚Wachet und Betet', lebt hier als Einsiedlerin. Sie ist Novizin, ist in der Probezeit. Eine wichtige Zeit, in der sie diese Form des Eremitentums kennenlernen und prüfen kann, ob dies ihre Lebensweise ist, für ein paar Jahre oder vielleicht für immer.

1979 entstand das Werk ‚Wachet und Betet' in der Diözese Regensburg. Die Eremitinnen, zurzeit sind es sechs, leben in ganz Deutschland verstreut. Ihre Klausen sollen bewusst ein Ort unter den Menschen sein und „gleichzeitig herausgenommen für Gott"[10]. Dieses Leben habe Modellcharakter, betonen die Konstitutionen. Die Mitglieder greifen damit einen Impuls auf, der seit den Sechziger Jahren von Frankreich herüberkam: Einsiedlerinnen in Großstädten, wie es auch Serge Bonnet und Bernard Gouley dokumentieren.[11] Schwester Annegret Maria las in einer Kirchenzeitung von der Gemeinschaft und fragte nach. Eine Einladung folgte, aber ein Treffen mit der Gründerin konnte nicht mehr stattfinden, da diese starb. Das war 1998.

Ihr Weg war nie eben, war nie leicht. Die Richtung aber verlor sie zu keiner Zeit aus den Augen. Im Elternhaus hatte niemand den Glauben gelebt. Zugehörig zur katholischen Kirche war man zwar, ja, aber Auswirkungen auf den Alltag hatte das nicht. Als Kind erkannte sie die Ungewissheit, die darin liegt. Dieses Sich-auf-nichts-wirklich-verlassen-Können.

Und sie entschied sich für Gott. Das schien ihr sicherer zu sein. Jesus allerdings hatte eher märchenhafte Züge. Eine Beziehung zu ihm hatte sie nicht. Noch nicht. Ganz wichtig war für sie die Firmung. Aufgerufen zu sein, selber ja zu Gott zu sagen. Nicht fremdbestimmt irgendwas nachzuplappern oder leben zu müssen, sondern eine eigene Entscheidung zu treffen. Was für eine Freiheit tat sich da auf! Eine Lehrerin half, die tiefe Sehnsucht nach mehr in sichere Kanäle zu lenken. Die Verbundenheit mit dieser Frau blieb bis zu ihrem Tod und im Gebet auch darüber hinaus. Teresa von Ávila wurde ihre große Lehrmeisterin. In ihr findet sie sich wieder. Bis heute stehen ihre Schriften täglich auf dem Leseplan.

Der Ruf in die besondere Nachfolge wurde immer deutlicher. Sie erkennt die schon lang gelebte Spiritualität im Karmel wieder. Aber zunächst heiratet sie und ein Kind wird geboren. Nach dem Scheitern dieser kurzen Verbindung lebt sie mit ihrem Sohn, wartet, hofft, überlegt. Als er erwachsen geworden ist, bekommt sie Dispens von der Ehe, und der langgehegte Wunsch scheint sich zu erfüllen. Eintritt ins Kloster und dann die herbe Enttäuschung. Plötzliche Krankheit und mehrere Operationen machen ein Verbleiben im Konvent unmöglich. Sie muss gehen.

Die Sehnsucht nach einem kontemplativen Leben in Schweigen und Zurückgezogenheit aber bleibt bestehen. Und dann liest sie den Artikel in der Kirchenzeitung über die Eremitinnen der Anbetung im Werk ‚Wachet und Betet'.

Ich klingele an der Tür des alten Pfarrhauses. Die Sekretärin im Pfarrbüro, die für ein paar Stunden die Woche da ist, öffnet und weist mich die Treppe hoch. Oben steht Schwester Annegret Maria, eine kleine Frau im hellbraunen Habit. Beigefarbener Schleier, Ledergürtel, weiße Sandalen und Augen hinter getönten Gläsern, die ein wenig neugierig schauen, wer da wohl kommt. „Sie haben so eine lange Fahrt hinter sich. Jetzt müssen Sie erst einmal etwas essen", komplimentiert sie mich in die kleine Küche. Vor ein paar Tagen erst wurde die Klause vom Pfarrer eingesegnet. Von der Feier ist soviel übriggeblieben, dass der Kühlschrank ausnahmsweise einmal vollgestopft ist. Den Tee nehmen wir mit in die eigentliche Klause. An der Tür hängt ein Holztäfelchen, eingebrannt der Schriftzug: St. Josefsklause. Und daneben das Gedicht von Silja Walter: Gebet im Kloster am Rande der Stadt.

Alles ist schlicht und einfach eingerichtet. Hinter einem hohen Standregal das Bett. Unter den Büchern ‚Licht in der Nacht' von Six, ‚Auf einmal fällt Stille ein' von Drutmar Kremer, viele Lexika, Heiligenbiografien, Bücher über Naturheilkunde. Ein Schreibtisch, die Gebetsecke und ein großer Tisch mit Stühlen. Die letzten zwei Jahre lebte Schwester Annegret Maria in einer kleinen Mietwohnung in der Nähe, die als Übergangsklause diente. Der Ort hat gewechselt, das Gebet blieb. Sie zeigt mir den Tagesablauf. Ab 4.30 Uhr oder 5.00 Uhr wechseln bis zum Abend Stundengebet, geistliche Lesung, Betrachtung, Totengedenken mit den Diensten als Küsterin und Putzfrau in der Kirche. Ein detailliert voll gepackter Stundenplan, der erst um 22.00 Uhr mit der Nachtruhe endet. Am Ende der Aufstellung ein Satz, auf den sie besonders hinweist: „Diese Ordung richtet sich immer nach vorhandenen Kräften und Gegebenheiten. Fordert die Liebe gerade etwas anderes, entfällt das Vorgesehene."

Ich frage, was für sie das Wichtigste, oder besser das Anziehendste an diesem Leben ist. Lange überlegen braucht sie für die Antwort nicht. „Dieses wunderbare Zusammenspiel! Also der Halt in Christus, Christus als die Mitte und die Ausstrahlung hinein in die Gemeinschaft der Menschen, in die ganze Welt. Diese weltumspannende Liebe, die daraus hervorgeht."

„Sie leben ja mitten unter den Menschen. Ist das denn nicht schwierig?"

„Na ja, manchmal fehlt mir schon ein Stückchen diese Einsamkeit. Manchmal muss ich die mir auch richtig erkämpfen." Und sie erzählt von ihren hartnäckigen Bemühungen, den Montag komplett freizuhalten von Diensten, von der Putzerei in der Kirche oder von Anrufen zwecks Terminabsprache, wann für eine Hochzeit was fertig sein muss. Die Konstitutionen der Gemeinschaft betonen nachdrücklich die Wichtigkeit dieser Zeit. Die Tage des Schweigens „sorgen dafür, dass dieses gottgeweihte Leben nicht den Charakter eines aktiven Dienstes bekommt, sondern den der Kontemplation bewahrt"[12].

Viel Verständnis hatte die Gemeinde am Anfang nicht dafür. Aber genau diese Ausrichtung, diese Form hatte sie damals so angezogen. „Das hat mich so angesprochen! Denn so sehe ich das Eremitentum. Wie eine Oase, mitten in der Wüste, in diesem Chaos." Die Stadt, die hier ja sehr nahe sei, gehöre doch mit zu den Wüsten heute. „Und hier in diesem Dorf, das sind alles reiche Leute, die irgendwann aus den Zechengebieten aufs Land zogen. Hier stehe ich jetzt mitten drin mit meinem Leben, auch mit meinem Armutsgelübde. Die Menschen hier haben alles, was Geld betrifft, aber es wird immer sichtbarer, was ihnen fehlt. Und das meine ich auch mit Oase, dieses Ganz-anders-Leben. Aus der Kraft Gottes! Denn es wird auch spürbar, dass ich es aus meiner Kraft heraus nicht könnte!"

„Ist diese Spannung zwischen Zurückgezogenheit und einer Art ja, auch Ausgesetzt-Sein nicht eine große Belastung?"

„Ja, es ist eine großer Balance-Akt, und da bin ich froh um die geistliche Begleitung. Ich selber könnte wohl nicht immer die Balance finden."

„Wie reagieren die Menschen um Sie herum?"

Sie lächelt ein wenig. Schmunzelt. „Na ja, ich bin am Anfang viel darauf angesprochen worden. ‚Was machen Sie denn eigentlich?' war meist die Frage. Ich habe dann oft gesagt: Ich bin stellvertretend hier vor dem Herrn für Sie! Das war sehr provokativ. Aber diese Provokation brachte Gespräche. So stellten die Menschen diese Frage nicht einfach nur so, sondern hörten auch zu. Erst musste mal so ein Hammer kommen, damit sie bereit wurden zu hören. Ich konnte dann sagen: wenn Sie in Ihrer Hektik arbeiten – dann bin ich da, um für Sie Kraft zu erbitten."

„Aber geben die Menschen dann nicht das Beten an Sie einfach ab, statt selber zu beten?" Energisch schüttelt sie den Kopf. „Nein! Im Gegenteil! Die Frage kommt irgendwann: Wie kann ich denn da mitwirken?" Und sie erzählt, wie sie manchmal abends noch einen kleinen Rundgang durchs Dorf macht, einen Segen spricht für alle Bewohner. Und wie sie spürt, dass allmählich bei einigen die Erinnerung an Gott zurückkehrt. An einen Gott, den sie schon lange aus ihren Häusern, aus ihrem Leben verdrängt hatten. „Jeder ist doch heute nur für sich. Jeder allein vor dem Fernseher, allein vor dem Computer. Die sind doch alle viel einsamer als ich als Eremitin. Wenn ich da manches Mal so diese Not sehe, dann weiß ich, dass ich nicht anders leben möchte."

Die Kinder wären dabei noch am unbefangensten und auch am neugierigsten, sagt sie. Säße sie im Altarraum, guckten sie durch die Kirchentür. Manche würden sich auch einfach mit vor das Allerheiligste setzen. Staunend, fragend, oft mit einem ursprünglichen Gespür, das den Erwachsenen längst verloren gegangen sei.

An ein Kind aus der Anfangszeit erinnert sie sich noch genau. „Es hatte mich beobachtet. Im Sommer hatte ich die Kirchentür weit auf und machte eine Betrachtung abends vor dem Tabernakel. Sie fing mich ab, als ich aus der Kirche kam. Und fragte mich, was ich da machen würde. Ich habe gesagt: Ich bete. Sie: Aber so lange? Ist das denn nicht langweilig? Ich habe ihr geantwortet, nein, es ist überhaupt nicht langweilig. Das konnte sie nicht glauben. So viele Gebete könnte ich überhaupt nicht, um soviel zu beten, meinte sie. Ich habe ihr erklärt: Weißt du, Gebet heißt ja nicht, dass ich jetzt irgendwelche Texte aufsage. Sondern ich höre zu, ich höre dem lieben Gott zu. Sie schaute mich ganz erstaunt an und sagte: Der sagt doch nie was! Ich habe den noch nie gehört! Daraufhin habe ich sie gefragt: Ja, warst du denn auch schon mal wirklich still? Wann warst du denn das letzte Mal in deinem Zimmer, ohne dass zum Beispiel die Musik lief, ohne dass du Fernsehen geguckt hast? Daran konnte sie sich überhaupt nicht mehr erinnern. Das Mädchen war nicht getauft, hatte kaum Ahnung von Religion. Sie fing mich dann immer öfter ab, die Gespräche wurden sehr intensiv. Sie hat dann irgendwann auch gefragt, was sie machen müsste, damit sie getauft werden könne. Ich habe sie zum Pastor geschickt in die Vorbereitung. Und dann ist sie getauft worden und mit der nächsten Gruppe zur Erstkommunion gekommen. Als eine Freundin das Mädchen gefragt hat, warum sie denn katholisch werden wolle, da hat dieses Kind gesagt, weil sie so beten möchte wie die Schwester Annegret Maria."

Wir gehen um das alte Pfarrhaus herum zur Kirche. Die Mittagssonne zeichnet die Fugen der verwitterten Steine scharf nach. Rechts ein Schaukasten mit den Pfarrnachrichten. Daneben eine aufmunternde Werbung für die Mitgliedschaft im Kirchenchor und der Kolpingsaufkleber: Ohne Sonntage gibt's nur noch Werktage. Die Schwester zieht die schwere Eichentür auf. Rechts und links Steinsäulen mit schlicht verzierten Kapitellen. Drinnen ist es dämmerig und kühl, das Gitter vor dem Mittelschiff ist geschlossen. An der Seite ein offener, schmaler Gang. Auf einem Stehpult an der Wand die Heilige Schrift, aufgeschlagen bei Johannes: „Wenn aber der Beistand kommt, den ich euch vom Vater aus senden werde, der Geist der Wahrheit, der vom Vater ausgeht, dann wird er Zeugnis für mich ablegen. Und auch ihr sollt Zeugnis ablegen, weil ihr von Anfang an bei mir seid." (Joh 15,26.27)

Das Gewölbe ist blau mit weißen Streifen, das Gestühl dunkles Holz mit grauen Polstern. Vorn am Altar Wüstenvater Antonius mit dem T-förmigen Kreuz. „Sehen Sie," zeigt

Schwester Annegret Maria auf die Fensterbilder mit den stilisierten Porträts vom heiligen Josef und von der heiligen Teresa von Ávila. „Hier bin ich doch gut aufgehoben, nicht?" Vor allem der heilige Josef sei immer ein guter Schutzpatron, erklärt sie. „Er ist der große Hörende in der Bibel. Und ich denke, er hat die Heilige Familie durchgebracht, also wird er auch mich durchbringen." Wir stehen einen Augenblick schweigend. Ich bewundere den Mai-Altar, der übervoll mit Blumen geschmückt ist. Da beginnt es zu läuten. Angelus. Fragend sieht mich Schwester Annegret Maria an. Ich nicke. „Beten Sie vor?" fragt sie leise. „Gern, ... der Engel des Herrn brachte Maria die Botschaft ..." „... und sie empfing vom Heiligen Geist." Halblaut beten wir im Wechsel den Engel des Herrn. Hinter uns am Gitter bleiben ein älterer Mann und ein Kind stehen, hören zu, murmeln schließlich leise mit. Beim Gebet am Schluss komme ich ins Stottern. Schwester Annegret Maria hilft weiter. Und sagt hinterher tröstend, dass das Abschlussgebet sehr oft regional verschieden formuliert sei. Na ja, trotzdem etwas peinlich.

Draußen in der hellen Sonne zeigt sie mir noch eine Gedenkstätte für die Gefallenen der zwei Weltkriege. Ein Kreuz, Blumen, Metalltafeln mit den Namen der Toten aus dem Dorf. Früher war hier die Tür immer zu. Immer alles verschlossen, genau wie die Kirche. Seit sie hier ist, bleiben die Türen auf. Zwei Stühle stehen jetzt an der Wand. Mit Blick auf das große Missionskreuz. Einladende Gelegenheit für Touristen, Wanderer und Kirchenbesucher, einen Moment zu verweilen. Und vielleicht über den Frieden nachzudenken, über das, was wichtig ist und in der Hektik des Alltags unterzugehen droht.

„Was bedeutet für Sie das Schweigen?"

„Die Aufmerksamkeit für Gott zu behalten. Schweigen ist die intensivste Verbindung mit Gott. Es hat nichts mit einem Nur-still-sein zu tun. Natürlich heißt es auch, Mund halten.

Auch einmal dort, wo Worte nur verletzen können. Denn wie schnell verletzt gerade unser Mund, verletzen unsere Worte, verstoßen gegen die Liebe. Aber der wichtigste, der grundlegende Aspekt des Schweigens ist für mich dieser intensive Kontakt mit Gott. Das durchzieht mein ganzes Sein!"

Wir gehen über den Rasen zurück zum Pfarrhaus. Noch ein kurzer Blick auf die Mutterschafe hinter dem Haus. Ihre Lämmer verstecken sich lieber hinter den paar Bäumen. Die Fremde neben der Schwester lässt sie vorsichtig sein. Schwester Annegret Maria lockt. Aber nur eines der weißwolligen Kleinen kommt staksend und zaghaft etwas näher.

„Was meinen Sie, Schwester. Die eremitischen Berufungen scheinen ja zuzunehmen. Brauchen wir heute mehr Einsiedlerinnen, mehr Klausner?"

Sie wiegt nachdenklich den Kopf. „Also, da wäre ich sehr vorsichtig! Gott braucht die Vielfalt. Er braucht alles und nur alles zusammen ergibt das Ganze. Wenn er sich Eremiten beruft, dann weiß er warum. Aber ich selber wüsste nicht einmal, warum Gott gerade mich zur Eremitin berufen hat. Er weiß es. Aber ich würde auch niemals sagen, es braucht mehr oder es braucht weniger von dem einen oder von dem anderen. Denn jeder ist vor Gott gleich wichtig. Die Eremitin ist ja nicht wichtiger als die Mutter. Alles zusammen ergibt das Ganze. Wir sind alle Glieder an dem einen Leib."

„Und wenn jetzt jemand zu Ihnen käme und sagte: Ich will Eremit, ich will Eremitin werden. Was würden Sie sagen?" Sie zögert. „Also, ... ich würde erst einmal Fragen stellen. Warum er meint, dass das sein Weg sei. Es gibt doch viele Täuschungen, die da vorliegen können." Sie überlegt einen Moment. Fährt dann langsam fort. „Ich habe Kontakt zu Menschen, die dies fragen. Und bei ganz vielen sehe ich eben, dass sie eigentlich aussteigen möchten. Aber nicht wirklich eremitisch leben wollen."

Zurück in der Klause helfe ich mit, den vollen Kühlschrank etwas zu entlasten. Nach dem Mittagessen und einem letzten Tee bringt mich Schwester Annegret Maria zum Bus. Wir plaudern noch ein wenig über Bücher, die sie gelesen hat, und über ihre eigenen schriftstellerischen Versuche. Sie empfiehlt mir ein Kinderbuch für die Katechese, das sie kennt. An der Haltestelle müssen wir ein paar Minuten warten. Dann kommt der Bus um die Kurve. Wir verabschieden uns. Ein Dank für das Kommen, ein Dank für das Kommendürfen und ich steige ein. Der Busfahrer ist jung. Drei-Tage-Bart, Jeans, dunkelgetönte Brillengläser, müdes Gesicht. Unsere letzten Worte durch die Fahrertür nerven ihn. Er schließt sie. Schwester Annegret Maria und ich blicken durch die Scheibe. Ich zucke mit den Schultern. Sie hebt die Hände und lächelt. Dann endlich fährt der Bus los. Ein letztes Winken. Die kleine Gestalt im hellbraunen Habit steht an der Haltestelle, winkt, lacht, hebt sich scharf ab vom schwarzen Lack des BMW's, der hinter ihr zum Parken hält. Was für ein seltsamer Kontrast, denke ich. Was für ein Bild mitten im Ruhrgebiet.

## „Die Einsamkeit ist wie ein Brennspiegel"

*Brief über ein schwieriges Thema*

***Liebe Maria Anna,***

vor einiger Zeit hast du mir geschrieben und mich gefragt, ob ich dir etwas zum Thema geistlicher Kampf schicken könnte, eigene Erfahrungen und/oder meine persönliche Meinung. Ich habe lange darüber nachgedacht und auch darüber gebetet. Es ist ein schwieriges Thema, schwierig, weil man, oder besser ich, nach Worten suchen muss, die die Erfahrungen halbwegs gut ausdrücken. Aber ich will es versuchen.

Für mich hat der geistliche Kampf drei unterschiedliche Anteile.

Zum einen den Kampf um die Sammlung, also das Bemühen um eine konsequente Ausrichtung auf Gottes Willen hin. Dann der Kampf, bei den vielen Schwierigkeiten und Anfechtungen standzuhalten und nicht wegzulaufen, und zum Dritten den Kampf, überhaupt glauben zu können. Jeden Bereich werde ich versuchen, dir zu verdeutlichen.

Der Kampf um die Sammlung: Weißt du, die erste Zeit in der Klause war manchmal (das ist nicht bei allen so, aber für mich war es so) fast wie ein Urlaub. Endlich am Ziel, so meint man, endlich die in der Literatur so viel gepriesene beata solitudo – da fängt der Kampf schon an. Jetzt den festgesetzten Tagesablauf einhalten, Essenszeiten nicht verschieben (oder vermehren), den Schlaf weder zu kurz noch zu lang werden lassen. Es klingt vielleicht lächerlich für dich, aber das sind ganz wichtige Dinge. Auch dass man im Bemühen nicht nachlässt, die Gebetszeit wirklich vor dem Herrn und mit dem Herrn zu gestalten. Das kann manchmal ein sehr zähes Ringen sein. Sich wirklich auf das WORT konzentrieren, bei der Meditation nicht herumträumen oder dösen. Denn ich glaube, manche verwechseln leicht ihre Tagträume mit den Vorstufen von Erleuchtung. Das halte ich für einen fatalen Irrtum. Alles wird erst dann richtig schwierig, wenn die Anfangseuphorie abgeklungen ist und wenn die Urlaubsstimmung einem recht nüchternen und grauen Alltag gewichen ist. Dann gibt es immer wieder Tage, an denen es nichts anderes gibt als standzuhalten.

Der Kampf um das Standhalten ist so ein Auf und Ab. Manchmal ist alles leicht, Gott schenkt spürbar, und das Gebet ist mühelos. Aber das sind die guten Zeiten. Normalerweise ist alles sehr trocken, die Heilige Schrift sagt einem fürchterlich wenig, und die Versuchung ist groß, sich abzulenken oder innerlich wegzulaufen, und manchmal auch äußerlich wegzulaufen. Bei den Wüstenvätern gibt es dazu eine gute Geschichte. Zwei der Mönche, Abbas Theodor und Abbas Lukios, hätten fünfzig Jahre diesen Versuchungen standgehalten, indem sie sagten: Nach diesem Winter gehen wir fort. Wenn dann der Sommer kam, sagten sie: Nach diesem Sommer wandern wir von hier aus. So machten sie es all die Jahre.[13] Mit dem Weglaufen meine ich auch unnütze Besuche, also bei jemandem einfach vorbeizugehen, Hallo zu sagen, ohne dass ein wichtiger Anlass gegeben ist. Damit meine ich aber jetzt nicht einen Krankenbesuch oder das gute Wort für die Nachbarin, die man trifft.

Standhalten muss man aber auch gegenüber den inneren Erfahrungen. Je weiter der Weg des Gebetes und der Meditation geht, umso mehr kommt man sich selbst auf die Spur. Die Fassade bröckelt mächtig, und die Erkenntnis der eigenen Unfähigkeit, der begangenen Sünden, der vielen Lieblosigkeiten und Gleichgültigkeiten machen einem ganz schön zu schaffen. Dazu kommt noch die Angst, oder besser die Ängste. In manchen Phasen hat man das Gefühl, die werden nicht weniger, sondern mehr. In einer der heftigsten Auseinandersetzungen mit mir in mir bin ich mehrmals des Nachts aufgewacht, schweißgebadet und dachte nur: Sie holen dich! In solchen Krisenzeiten (und crisis ist lateinisch und heißt ja: entscheidende Wendung) nicht wegzulaufen oder zu verdrängen, sich schnell in eine Arbeit zu flüchten oder in den Schlaf, das ist eine große Herausforderung. Ich bin damals oft nach dem Aufwachen in die Kapelle gegangen, in eine Decke gemummelt wie ein alter Trapper und habe versucht zu klären: Wer will mich holen? Und aus welchem Grund? Und manchmal, wenn ich keine Antwort fand, habe ich einfach immer wieder laut Psalm 23 gebetet und konnte so meine Ängste wenigstens annehmen und damit ein Stück bannen.

Und dann gibt es Zeiten, wo eigentlich alles zuviel wird. Freunde schreiben, ihr Kind sei tot geboren, die Schlagzeilen beim Einkauf schreien: „Neuer Krieg in XY", und eine Besucherin erzählt von der Vergewaltigung in ihrer Jugend durch den Lieblingsonkel. Das sind dann so Hammertage, wie ich das nenne. Die Schläge kommen von allen Seiten, und am Sonntag predigt ein Pastor salbungsvoll vom „lieben Gott". Ehrlich, dann geht nichts, wirklich nichts mehr.

Dann gibt es nur noch den Kampf, überhaupt glauben zu können. Dann verstehe ich die Welt, oder besser, meine Weltsicht und mein Gottesbild nicht mehr. Hier, das ist meine Erfahrung, hilft nur noch, sich in der Kapelle festzunageln und sich nicht mehr heraus zu rühren, bis eine halbwegs befriedigende Antwort da ist. In solchen Situationen hat mich oft die „Wolke der Zeugen" gerettet, so nach dem Motto: Millionen von Menschen glaubten und glauben, Hunderttausende sind dafür gestorben, und du meinst jetzt, alles sei Lüge. Oft habe ich auch an die vielen kleinen (und wenigen großen) Glaubenserfahrungen gedacht und sie mir in Erinnerung gerufen. Das sind dann alles sehr mühsame Stunden oder sogar Tage. Einmal ist es soweit gekommen, dass ich laut Nein gerufen habe, mit der Hand auf den Kapellenboden geschlagen habe und herausgelaufen bin. Und da bin ich dann zwei Tage lang nicht mehr in die Kapelle hineingegangen. Es war schrecklich! Aber die Sehnsucht hat mich dann wieder hereingezogen. Die Einsamkeit hier wirkt in allem wie ein Brennspiegel. Sie bündelt diese Erfahrungen und diese Kämpfe und sie verhindert in der Regel das Ausweichen. Und der Weg ist nicht gradlinig, sondern eher eine Spirale. Auf jeder etwas tiefer gelegenen Stufe wiederholt sich alles, nur eben ein wenig tiefer noch und dem eigenen Grund immer näher. Es wird ständig intensiver. Thomas Merton, der dir ja auch vertraut ist und den ich sehr gerne lese, hat es einmal sehr gut formuliert: „Ich spüre die Berufung, eine Wüstenzone des menschlichen Herzens zu erforschen, in der man lernt, dass einzig die Erfahrung zählt. Das ist ein dürrer, felsiger, finsterer Bereich der Seele, der zuweilen von fremdartigen Feuern erhellt wird, vor denen sich die Menschen fürchten und in dem sich Gespenster tummeln, die die Menschen sorgfältig meiden und denen sie nur in ihren Alpträumen begegnen. Und in dieser Zone habe ich gelernt, dass man die wirkliche Hoffnung unmöglich kennenlernen kann, ehe man nicht erfasst hat, wie sehr die Hoffnung der Verzweiflung gleicht."[14]

In solchen Zeiten werden mir alle Gottesbilder zertrümmert. Restlos – und das ist gut! Denn wir erkennen immer nur stückweise, nehmen nur Fragmente wahr, die wir dann zu einem Bild zusammen setzen, das uns passt. Aber dies ist ja nie der lebendige Gott, sondern meist nur unser Wunschbild von ihm!

Vielleicht fragst du dich jetzt, wenn das so aussieht, warum lebt sie dann so? Ganz einfach. Ich bin der festen Überzeugung, dass es Menschen geben muss, die sich in diesen Kampf hineinziehen lassen. Stellvertretend für die Vielen, die bei den ersten Schwierigkeiten das Handtuch werfen und den Glauben hinterher – aus welchen Gründen auch immer. Und ich glaube, es ist mein Weg der Menschwerdung. Ich habe mich zum Beispiel noch nie so sehr als angenommener Mensch, als Frau gefühlt wie in den Jahren hier in meiner

Klause. Ja, gerade auch als Frau. Wobei sicherlich eine Rolle spielt, dass die von der Gesellschaft so oft verlangte und auch aufgezwungene Weibchenpose hier gänzlich wegfällt. Manchmal scheint es mir völlig unlogisch zu sein – je mehr ich mein kleines und „egoistisches“ Ich verlassen muss (und anders kann man in der Wüste nicht ehrlich! leben), umso mehr finde ich mich selbst, oder besser, finde ich mein wahres Selbst. Und es ist meine Geschichte mit Gott, meine ganz eigene und unverwechselbare Geschichte mit ihm, unter dessen Blick ich leben und suchen darf. Und unter dessen Blick ich auch immer mehr und tiefer verstehe, was es heißt: Er ist mein Leben. Denn es ist ja nicht so, dass es hier nur 24 Stunden Kampf gibt. Es ist auch ein immer intensiveres Wahrnehmen seiner Gegenwart, seiner Nähe, die Frieden schenkt und Sensibilität für die Menschen um mich herum.

Liebe Maria Anna, ich hoffe, diese Zeilen geben dir einen kleinen Einblick in das Thema, so wie ich es verstehe und lebe.

*Ich grüße dich, in Christus, Marie.*

## Auf Schatzsuche

Das Laub ist ein weicher Teppich. Sanft federn die dicken Polster unsere Schritte ab. Der Weg geht bergan. Über uns das blättergrüne Dach der Buchen. Die Stämme ragen hoch und schmal empor wie eine gotische Kathedrale. Wir gehen langsam. Es riecht nach Walderde.

Die Anreise heute morgen dauerte. Viermal umsteigen. Zum Schluss die Regionalbahn. Winzige Bahnhäuschen. Noch eine Station und noch eine und noch eine ... Dörfer mit schwarz-weißem Fachwerk, die an den Hängen des Mittelgebirges hochkletterten. Und dann der Bus, der von Höhe zu Höhe kurvte. Am Straßenrand roter Fingerhut dicht an dicht in sattgrüner Böschung. Darüber ein wolkenloser Kaiserhimmel. Der kleine Wallfahrtsort lag versteckt. Der Weg, den mir die Frau im Dorf zeigte, schien kein Ende zu nehmen. Es ging immer berghoch. Zunächst an sauberen Vorgärten entlang – Rasen mit Gänseblümchen, Rasen ohne Gänseblümchen, Steingarten gemulcht –, dann durch ein Lärchenwäldchen. Oben angekommen eine Kreuzung und kein Hinweisschild. Nur rechts ganz klein und bescheiden ein Marterl, ein Gedenkstein mit einem Marienrelief. Ein freundlicher Fahrrad-Fahrer, der weiterhalf, und dann die Kapelle und die Klause.

Seit fast 20 Jahren lebt sie hier. Das kleine Häuschen, das sie bewohnt, ist nicht größer als eine geräumige Doppelgarage.

Die Sonne wirft Lichtblitze durch die Baumkronen, während wir im kühlen Schatten langsam durch den Buchenwald spazieren. Ein Specht trommelt und irgendwo ganz oben tobt ein Meisen-Jungvolk durch die Äste.

Im ersten Gespräch heute morgen hatte sie erzählt, wie alles anfing. Mit einer leisen Stimme, verhalten und intensiv, sprach sie über ihren Weg in die Einsamkeit. Sie ist jetzt weit über 60 Jahre alt. Begonnen hatte alles schon in der Kindheit.

„Unsere gute und fromme Mutter starb früh und wir waren sehr arm. Auch Vater war ein tiefgläubiger Mensch, der nicht viel aus seinem Leben machte, sondern einfach seinen Weg ging. Er war auch ein großer Beter. Wir hatten zu Hause eine große, uralte Bibel, wie man das früher so hatte, aus der er vorlas. Und dann hat Vater uns auch abends schon mal Geschichten erzählt, von Mönchen, von Ordensleuten. Ich habe dann immer mehr den Ruf verspürt, auch wirklich selber ein kontemplatives Leben zu führen. Ich habe lange gesucht und bin bei Schwestern eingetreten, die auch die Ewige Anbetung hielten. Aber ich merkte irgendwann, Gott wollte etwas anderes. Er wollte – man kann das schlecht beschreiben – dieses Sich-total-auf-ihn-Verlassen. Nicht mehr die Geborgenheit einer Gemeinschaft, sondern dieses Sich-total-auf-ihn-Verlasssen."

„Und wie kam es dann, dass Sie diesen Weg konkret gegangen sind?"

„Im Kloster haben wir schon mal Spaziergänge gemacht. Einmal kam ich an ein kleines Wegschild. Darauf stand: zur Silbergrube. Da war es wie ein Blitz! Immer wieder sind Menschen in die Einsamkeit der Wälder gegangen, um einen Schatz zu suchen. Ich habe gedacht: Das ist es! Du suchst ja einen Schatz, du suchst ja Christus. Um mit ihm zu leben. Und du, du gehst in die Einsamkeit so ähnlich wie die Schatzgräber. Und so bin ich nach fast zwanzig Jahren, die ich im Kloster war, gegangen. Diesen Schatz, Christus, immer mehr in mir entdecken, dass er immer mehr herauskommt. Dass er den Menschen sichtbar wird. Das ist der Weg in die Einsamkeit, so wie ich ihn erfahren habe und dabei eigentlich immer mehr entdecke: Wie wunderbar, wie spannend und schön dieser Weg mit Christus ist. Ich könnte mir ein Leben ohne Gott nicht mehr vorstellen. ER ist faszinierend."

Der Pfad endet am Waldrand. Weit über die Hügelkuppen geht der Blick, verliert sich am Horizont in strahlendem Blau. Die Schwester winkt. „Kommen Sie, setzen wir uns einen

Moment." Auf einem der Stämme, die der Sturm vor einigen Wochen zu Boden schmetterte, haben wir gut Platz nebeneinander. Ich frage nach. „War Ihr Weg immer nur schön? Haben Sie nie Angst gehabt hier oben so allein?"

Sie lächelt nachdenklich und schaut in die blaue Helle vor uns. Die Erinnerung an die schwere Zeit der Entscheidung ist immer noch stark. Das erste Mal, als sie Kapelle und Klause besucht hätte, wäre bittere Kälte gewesen, erzählt sie. Und ein gewaltiger Schneesturm hätte über den Platz und um die Klause herum gefegt. Der Priester, der sie damals begleitete, hätte gewarnt: „Überlegen Sie gut, ob Sie hier oben sein können. Sie werden immer allein sein." Einen Moment hält sie inne. „Wissen Sie, wenn man diesen Weg dann ganz treu gehen will ... wie dann der Andere auch kämpft! Ich habe Angst bekommen. Ich habe unwahrscheinliche Angst bekommen. Mein Vorgesetzter war noch mit dabei, und der sagte auch: „Schwester, überlegen Sie gut, was Sie machen!" Ich bin dann 14 Tage später noch einmal hier heraufgekommen, allein. Es war alles im Nebel. Ich konnte nicht mehr sehen, wo Häuser waren, wo der Weg herging. Da bin ich in die Kapelle gegangen und habe zum ersten Mal erfahren die Heiligkeit dieses Ortes. Und ich habe gesagt: Lieber Gott, ich glaube daran, dass du mich diesen Weg gerufen hast. Aber ich habe Angst. Ich habe wirklich Angst. Aber ich möchte dir folgen. Ich möchte diesem Ruf wirklich folgen. Ich will dich nicht enttäuschen, aber wenn du mir nicht hilfst – eine Nacht, dann haue ich wieder ab. Genauso habe ich das dem lieben Gott gesagt. Eine Nacht! Ich kann es nur mit dir, du merkst ja, wie mein Herz klopft. Und dann habe ich etwas ganz Wunderbares empfangen. Es war, als ob Jesus mir sagen würde: Gib mir deine Angst, gib sie mir doch. Und ich habe ihm meine Angst, meine leeren Hände, meine Armut gegeben. Wissen Sie, was das bedeutet, mit leeren Händen dazustehen und dann so reich beschenkt zu werden? Er hat mir Vertrauen geschenkt. Und in diesem Vertrauen lebe ich."

Der Weg zur Klause zurück macht einen sanften Bogen. Wir gehen langsam, Schritt für Schritt hinunter. Die Schwester bleibt stehen, atmet tief ein. Der Wald um uns herum ist erfüllt von dämmerigem Licht und tausenderlei Vogelstimmen. Einen Moment lauschen wir. „Die Natur ist für mich eine wunderbare Bibel“, sagt sie, „ähnlich wie das Wort Gottes.“ Sie zeigt auf eine der dicken alten Buchen. Manchmal halte sie Ansprachen für die Wallfahrer, auch für Kindergruppen. Bäume wären immer ein gutes Beispiel für das Leben mit Gott. Die Wurzeln fest in der Erde, die Zweige und Blätter der Sonne entgegengestreckt. „So wie wir, nicht?“, sagt sie und lächelt und meint: auch wenn im Winter alles wie tot erscheine, die Kraft zu neuem Leben sei trotzdem da.

Es ist kurz vor 12.00 Uhr. Die Eremitin lädt mich ein zum Mittagsgebet. In der kleinen Kapelle holt sie ein Gotteslob aus einer Truhe. „Nummer 576, ja?“ Ich nicke und schlage schon mal auf. Die Schwester bindet das Glockenseil von der Wand los, stellt sich vorne am Altar auf, das Seil in der Hand. Während wir das Regina Coeli singen, bimmelt die kleine Glocke dreimal drei Schläge und ein anhaltendes Geläut zum Schluss. Kurz darauf sitzen wir beim Essen. Salzkartoffeln und Spinat, zum Nachtisch einen Joghurt. Der Raum, in dem wir essen, ist klein und sehr schlicht. Spartanisch. Ein großes Kreuz an der Wand, davor eine alte Kniebank. Am Ende des Kreuzes ein schmales Kruzifix mit zierlichem Corpus. Geschenk eines Diakons, der es ihr aus Jerusalem mitbrachte. Auf einer Kommode eine Marienstatue – Maria Rosa Mystica – und ein winzig kleiner Holzrahmen an der Wand mit einem Spruch: „Meine Gnade genügt dir.“ (2 Kor 12,9)

Die Baumgruppen um Klause und Kapelle filtern die drückende Hitze, ein schwacher Wind weht über den Platz. Hinter der Klause liegt der Garten mit einem Mini-Gewächshaus voller Begonien. Drumherum dicht gefüllte, rosafarbene Pfingstrosen, gerüscht wie alte Ballkleider, eine Rispe Tränendes Herz, dazwischen weiße Glockenblumen. Ein bisschen Salat, ein bisschen Schnittlauch, ein grün verwitterter Staketenzaun und im Hintergrund ein riesiger, alter Thuja. Auf dem schütteren Rasenplatz ein Plattenpfad, der von der Klause zur Kapelle führt. Große Findlinge mit Bibeltexten in Metallletttern: „Was Jesus euch sagt, das tut." Immer wieder hält ein Auto, kommen Menschen zu Fuß oder mit dem Fahrrad, bleiben einen Augenblick, verweilen in der Kapelle, beten. Über 100.000 Menschen besuchen jedes Jahr diesen Ort. Suchen Trost, holen sich Kraft, bitten ums Gebet oder um einen Rat. Manche Jugendliche säßen eineinhalb Stunden hier oben still in der Kapelle, hat die Schwester vorhin erzählt. Vielen Gruppen hält sie eine kurze Ansprache. Sie erzählt aus dem eigenen Leben oder gibt Impulse für das Gebet. Vor allem über das Vaterunser spreche sie gerne. „Es ist doch das Gebet des Herrn. Wie tief ist das! Es ist das Gebet der Bereitschaft, für Gott da zu sein. Da stelle ich mich zur Verfügung: DEIN Reich komme! DEIN Wille geschehe!" Und sie erzähle über das Wirken Gottes in heutiger Zeit. „ ...das fasziniert die Menschen."

Ihr Tag ist ausgefüllt. Gebetszeiten wechseln sich ab mit Hausarbeit, mit der notwendigen Versorgung der Kapelle, der Betreuung der Wallfahrergruppen. Morgens früh bete sie die Laudes, anschließend Schriftlesung und Betrachtung, etwa 1 1/4 Stunde. Um 10.00 Uhr folgt der Rosenkranz für die Sterbenden. „Die meisten Einsiedler sehen für sich eine bestimmte Aufgabe. Meine Hauptaufgabe sehe ich darin, für die Sterbenden des Tages und der Nacht zu beten. Sie in mein Gebet hineinzunehmen und auch jede heilige Messe dafür aufzuopfern." Etwa Viertel vor Zwölf ist stilles Gebet und der Angelus. Seit einigen Jahren macht sie nach dem Essen eine Pause. Von 13.00 Uhr bis 14.00 Uhr ist Gebet, um 16.00 Uhr die Vesper, und um 17.30 Uhr folgt der zweite Rosenkranz, danach isst sie zu Abend. Anschließend eine weitere Betrachtung. Den Tag beschließen eineinhalb Stunden Studium oder noch etwas Gebet.

Die Zeiten des Gebetes sind ihr sehr wichtig, sind die prägenden Stunden des Tages. Aber manchmal fällt das Gebet aus. Wenn Menschen kommen und in Not sind, dringend jemanden brauchen, der zuhört. So wie der junge Mann, der eines Tages vor ihr steht. „Ich wollte gerade zum Gebet gehen, es war so halb zehn, da stand er da und sagte: Ich bin gerufen worden. Ich wollte nicht kommen, ich bin gerufen worden. Sagen Sie mir, gibt es das, dass man gerufen wird? Er sah sehr gut aus, war so etwa dreißig Jahre alt. Er brauchte Hilfe."

Sie habe ihn dann in die Klause eingeladen und er habe erzählt. Dass er sich am Morgen von seiner Frau und seinen Kindern verabschiedet habe, dann in die Firma gefahren sei, in der er in einer sehr guten Position sei. Und wie er den Tag über immer wieder den Ruf gehört hätte: Geh dahin, geh an diesen Ort! Der Ruf sei so laut gewesen. Sie habe ihm dann gesagt: Vielleicht hat Gott Sie gerufen? „Das aber hat er heftig abgelehnt. Wir haben zusammen gebetet, er hat lange, lange geweint, es war wie eine Beichte. Zum Schluss sagte er: Jetzt weiß ich, wer mich gerufen hat. Gott, Gott! Jetzt brauche ich mir keine Kugel in den Kopf zu schießen."

In der Kapelle ist es kühl. Die Schwester kniet in der letzten Bank. Es ist still. Auch die beiden älteren Frauen vor uns sitzen ruhig, beten. Der Altar ist in dunklen, warmen Farbtönen gehalten. Oben in einer Nische steht das Gnadenbild ‚Maria, Mutter der Zuflucht'. Durch die hohen Fenster fällt Licht, lässt die Blumenpracht um den Altar aufleuchten. Weiße und blaue Hortensien an den Seiten. Davor kräftig gelbe Lilien und auf den Altarstufen eine Schale mit frisch gepflückten Rosenblüten. Rechts kurz vor der ersten Bankreihe ein schmiedeeiserner Kerzenbaum, übervoll mit brennenden Lichtern.

„Maria ist für mich eine sehr wichtige Person. Eine faszinierende Frau, die uns heute unendlich viel zu sagen hat. Sie ist die, die wunderbar auf Gott gehört hat, und sie hat ihm ihr Wort gegeben und es befolgt!" Mir geht die Geschichte durch den Kopf, die die Eremitin vorhin noch erzählt hatte – eine der vielen Geschichten, die sie in den bald zwanzig Jahren hier oben erlebt hat. Einem Kind, das sie eines Tages vor der Kapelle traf, hatte sie ein Marienbildchen geschenkt. Einige Zeit später sei das Mädchen wieder gekommen und hätte noch mehr Bilder haben wollen für ihre Freundinnen. Sie habe ihr dann einen kleinen Rosenkranz gegeben. Und daraufhin hätte das Kind ein paar Tage später gefragt, wie man denn so was bete. Daraus sei über die Jahre eine Kindergruppe entstanden, die sich ab und zu treffe und den Rosenkranz mit ihr bete. Bei einer dieser Stunden hätte sie die Kinder gefragt, warum Jesus uns denn wohl seine Mutter als Mutter geschenkt hätte. Nach einem Moment der Stille hätte eines der jüngsten Kinder gesagt, dass sei doch klar. ‚Wenn ich zu Hause bin und die Mama ist auch da und jemand will mir etwas tun, dann hört mich die Mama und kommt und hilft mir. Aber wenn ich weit weg bin von zu Haus, dann kann ich noch so laut rufen, die Mama hört mich dann nicht. Und wenn ich mir zu Hause wehgetan habe, dann sieht meine Mama das und tröstet mich und hilft mir. Aber wenn ich weit weg bin und mir weh getan habe, dann sieht das meine Mama nicht. Und deshalb hat Jesus uns seine Mama gegeben, dass wir überall eine Mutter haben, die uns hört und sieht und uns hilft."

Nicht nur die Kinder fühlen sich zu diesem Ort hingezogen und nicht nur Katholiken. Auch Protestanten und Menschen aus nichtchristlichen Religionen kommen hier herauf. „Die Mohammedaner sagen, hier sei viel gute Kraft, und die Hindus sagen, hier sei viel Licht. Die Evangelischen sagen, hier sei eine so wunderbare Atmosphäre." Das zeige sich besonders dann, wenn Gottesdienste zur Silberhochzeit und zu anderen Jubelfesten gehalten würden. „Wir machen eigentlich keine Ökumene hier oben. Es ist einfach ein Ort des gemeinsamen Flehens und Bittens zu Gott. Ich muss es einfach so sagen: da ist Maria heute noch Mutter, die ihre Kinder zu Jesus zieht.“

Die beiden Frauen vor uns stehen auf, machen vor dem Tabernakel eine mühevolle Kniebeuge und verlassen die Kapelle. Nachdem sie im Auto weggefahren sind, wird es für eine Weile ganz still. Nichts zu hören. Wir knien in der letzten Bank, die Schwester betet ruhig. Sie ist so gesammelt, dass sie fast nicht mehr da zu sein scheint. Eine schlichte Frau, einfach, Habit und Schleier unauffällig grau. Ein Mensch, nach dem sich wohl nie jemand umdrehen würde. Restlos ausgerichtet auf Gott, durchlässig für seine Liebe wie ein weit geöffnetes Fenster. Um ihre Zukunft sorgt sie sich nicht. Wenn es nicht mehr geht hier oben, wird der Bischof ein Kloster finden, in dem sie umsorgt werden kann. Ihre Vergangenheit ist nicht mehr wichtig. So wie es war, war es gut. Wichtig ist das Jetzt, die Verfügbarkeit für Gott in jeder Minute. Ihn den Tag planen zu lassen und anzunehmen, was oder wen er schickt.

Eine leise Bewegung, die Schwester steht auf. Wir verlassen die Kapelle, ich hole meinen Rucksack. Die Eremitin zeigt mir noch eine Abkürzung zur Bushaltestelle, damit ich den langen Weg über die Straße nicht zu machen brauche. Ein Stück begleitet sie mich, winkt ein letztes Mal und wandert dann langsam durch den Wald zurück zu ihrer Klause. Zwei Autos fahren an mir vorbei, als ich hinuntergehe. Menschen, die wenig später vielleicht oben sitzen werden, ein Licht anzünden, beten und sich der Hoffnung öffnen, dass Gottes Wirken in heutiger Zeit kein Märchen ist, sondern Wirklichkeit. Erfahrbare Wirklichkeit.

*Teil II*

# SELBSTGENÜGSAME INNERLICHKEIT
# oder
# DIENST AN DER GEMEINSCHAFT?

## *Gedanken zum Eremitentext im Weltkatechismus*

*„Sie zeigen jedem das Innere des Mysteriums der Kirche auf: die persönliche Vertrautheit mit Christus. Den Augen der Menschen verborgen, ist das Leben des Eremiten eine stille Predigt Christi. Der Einsiedler hat sein Leben ganz Christus übergeben, weil dieser für ihn alles ist. Es ist eine besondere Berufung, in der Wüste, im geistlichen Kampf die Herrlichkeit des Gekreuzigten zu finden."*

*Weltkatechismus Nr. 921*

## „Sie, (die Einsiedler) …"

Das Klischee sitzt fest in den Köpfen. Der Einsiedler ist meist ein älterer Mann mit Bart, er hat eine alte Kutte an und lebt im Hüttchen am Waldrand. Er betet viel, spricht mit den Tieren und ist nicht besonders nützlich. „Sie bilden eine unbedeutende Randerscheinung in der Geschichte und haben den Gang des historischen Geschehens kaum irgendwie beeinflusst. Während die Mönchsgemeinschaften in den Klöstern eine starke Ausstrahlungskraft entwickelten und in vielen Bereichen der Kultur Bedeutendes leisteten(…), war der Wirkungsbereich der Klausner nur sehr begrenzt und ging selten über den eigenen Gemeindebezirk hinaus. Ihre Zeit war ausgefüllt mit Gebet und Meditation und mit der Sorge für einen bescheidenen Lebensunterhalt. (…) Es ging ihnen letztlich nur um ihr Seelenheil."[15]

### *Der Beginn*

Angefangen hat alles im 3. Jahrhundert. Zumindest setzt die Geschichtsschreibung mit der Vita des heiligen Antonios (251–356) den Beginn der ersten großen Eremitenbewegung fest. Bereits die Heilige Schrift berichtet von Propheten (zum Beispiel Elias und Johannes der Täufer), Aposteln (Paulus) und auch von Jesus selbst, dass sie sich in die Wüste, in die Steppengebiete Palästinas oder Arabiens zurückzogen. Auch außerhalb des jüdisch-christlichen Kulturkreises war das Alleinsein, der Rückzug aus allen äußeren Bindungen eine mögliche religiöse Lebensform, die meist hoch geschätzt wurde. Die Urkirche kannte ebenfalls Asketen und Asketinnen, die sich dem Treiben der Welt verweigerten, sich zurückzogen, um radikale Wege zu Gott zu suchen. Einige wurden Wanderasketen, andere lebten inmitten der Gemeinden oder in der Nähe ihres Heimatdorfes. Ihr Ziel: Freiheit von den Abhängigkeiten des Leibes zu erreichen, Christus ähnlich zu werden und so das Heil zu erlangen. Die Vita Antonii berichtet von ihnen als den ersten Vorbildern, von denen Antonios lernte.

Mitten in die Überlegungen hinein, wie er sein Christ-Sein nach dem Tode seiner Eltern gestalten sollte, hatte den Zwanzigjährigen ein Wort aus dem Matthäusevangelium getroffen: „Wenn du vollkommen sein willst, geh, verkaufe deinen ganzen Besitz und gib das Geld den Armen, und dann komm und folge mir nach." (Mt 19,21) So verkauft er alles, sorgt nur für die jüngere Schwester und geht, von den Eremiten in der Umgebung zu lernen.

Bald zog das Charisma des Antonios immer mehr Menschen an. Das Klima des Nildeltas erlaubte zudem eine auf das Allernotwendigste reduzierte Lebensweise. Und nach dem Ende der Christenverfolgung und der Einführung des Toleranzedikts von Mailand (313) galt das anachoretische, das eremitische Leben bald als hervorragende Möglichkeit der Nachfolge Christi, als unblutiges Martyrium. Dabei bildeten sich nach und nach verschiedene Formen aus.

Eremiten wie Antonios, Paulus von Theben oder die Einsiedlerin Maria Ägyptica lebten fast völlig allein und versuchten ihre Einsamkeit zu bewahren, indem sie sich immer tiefer in die Wüste zurückzogen. Was bei Antonios zeitweilig wie eine Flucht aussah, da er sich der Ströme von Besuchern und Schülern kaum noch erwehren konnte. Andere setzten das Ideal der Peregrinatio, der Pilgerschaft und Heimatlosigkeit um Christi willen fort. Meistens aber sammelten sich um einen anerkannten Abbas (Vater) oder eine Amma (Mutter) mehrere Kellien (grch.-lat. Kellion = Zelle) zu einer Laura. Die Umzäunung dieser winzigen Siedlungen schloss häufig eine Wasserstelle ein, kleine Gärten für Gemüse und Getreide und einen Ort für das Backen des Brotes. Das Verharren in der Zelle, das sorgfältige Analysieren der inneren Handlungsmotive, das beständige Gebet, das Auswendiglernen der Heiligen Schrift oder auch die Ruminatio (das „Wiederkäuen" kurzer

Gebetsworte oder Psalmverse) – all das sollte zur Reinheit des Herzens führen, zur Demut, zu vollkommener Gottes- und Nächstenliebe. Dem Abbas oder der Amma wurden dabei die erkannten inneren Regungen offenbart und sich ihrer weisen Führung anvertraut. Ein fast unfehlbares Mittel gegen Stolz, Hochmut und Herzensverhärtung. Samstags und Sonntags trafen sich die kleinen Gruppen zum Gottesdienst und holten sich Rat im geistlichen Gespräch. Die Eucharistie wurde häufig empfangen, manchmal sogar täglich. „Selbst bei extremster Isolation wird irgendwie die Eucharistie empfangen: Entweder indem ein Priester kommt und die Eucharistie in einer Kirche der Mönchskolonie feiert oder wenigstens den Einsiedlern die Kommunion bringt, oder auch indem die Mönche oft über eine weite Strecke die nächste Dorfkirche aufsuchen."[16]

### *Die Stadt in der Wüste*

Knapp fünfzig Jahre nachdem mit Antonios der Beginn der Eremitenbewegung aufgestrahlt war, entwickelte sich mit Pachomius eine weitere, das spätere Mönchtum grundlegend bestimmende Form. Pachomius (286–346/347), Sohn heidnischer Eltern, hatte 313 um die Taufe gebeten. Zuerst wählte er die Abgeschiedenheit einer Höhle. Später sammelte er in Tabenisi (Oberägypten) Eremiten um sich, gab ihnen eine Regel, und es entstand die Urform des monastischen Klosters, das Zönobitentum, die hierarchisch geordnete Form des gemeinschaftlichen Lebens. Innerhalb weniger Jahrzehnte hatte die eremitische Bewegung weite Teile der Bevölkerung ergriffen. Der beständige Kampf gegen die Sünde, gegen das Böse im eigenen Herzen, die Freude über Gottes Verheißungen und seine kraftvolle Gnade, die alle Entbehrungen durchhalten ließ: das Beispiel der Wüstenväter und -mütter weckte in vielen die in jedem Menschen zugrunde liegende

Sehnsucht nach einem sinnvollen Leben und ewigem, unzerstörbarem Heil. Von überall her strömten die Menschen in die Wüste, begierig nach diesem Leben verlangend, das ihnen half, diese Sehnsucht zu stillen. Allein die pachomischen Mönchsstädte umfassten insgesamt an die 9000 Mönche, dazu kamen die Frauenklöster und die Einsiedler, die allein, zu zweit oder zu dritt in Lauren oder als Wandereremiten die Wüste überschwemmten. Das Echo der „Stadt in der Wüste" hallte durch den ganzen Orient. Pilgerberichte, Aufzeichnungen und Lebensbeschreibungen gaben der Begeisterung ständig neue Nahrung. Lange Zeit der am weitesten verbreitete Text, war die Vita Antonii maßgeblich an den asketischen Vorstellungen der Leser beteiligt. Ihr Verfasser Athanasius (295–373), Patriarch von Alexandrien, hatte bei den Einsiedlern nach seiner Verbannung Zuflucht gefunden. Die Apophthegmata patrum, die Sprüchesammlung der Väter und Mütter, zeichneten die Eremiten als Lehrmeister, die von erbarmender Nächstenliebe erfüllt waren, da sie die Erkenntnis ihrer eigenen Schwäche und Erlösungsbedürftigkeit zulassen konnten. So zeigen sie auch Antonios als angefochtenen Menschen, der mit sich, den störenden Gedanken und seiner Schwäche zu kämpfen hat. Athanasius dagegen stellte „einen glorreichen, sieghaften Helden vor, der in die Wüste hineinschreitet, um dem Teufel unerschrocken die Stirn zu bieten und dessen Fasten und Schweigen Gott selbst berührt; seine prophetische Weisheit ergründet das Menschenherz und vollbringt dort Wunder. Beide Porträts sind nicht so widersprüchlich, wie sie scheinen mögen: das erste zeigt den Heiligen, wie er sich selbst sah und wie ihn seine Jünger sahen; das zweite spiegelt den Eindruck wider, den er auf die Bischöfe und das Volk machte."[17]

In wenig mehr als einem Jahrhundert war die Wiege des Mönchtums in Ägypten entstanden. Nun breitete sich die Idee Richtung Abendland aus. Neben Athanasius erzählten Cassian und Hieronymus, Evagrius Pontikos und die Historia Lausiaca des Palladius vom Leben in der Wüste. Basilius der Große und Augustinus schrieben erste Satzungen. Und durch Martin von Tours, der zeitweilig als Inseleremit vor Genua lebte, erreichte die Wurzel des westlichen Mönchtums das ferne Irland. In kaum zu überblickender Vielfalt breitet sich das ägyptische Beispiel aus, regt zu eigenen Versuchen an, entfaltet sich und befruchtet schon vorhandene Ideen.

### *Zurück zum Ursprung*

Ab dem 6. Jahrhundert löste das Modell des Benedikt von Nursia (etwa 480–547) die anachoretische Lebensform fast völlig ab. Benedikt selbst hatte zunächst nach einem kurzen Aufenthalt in einer Asketengemeinschaft als Einsiedler gelebt. Auf ihn aufmerksam geworden, bedrängten ihn die Eremiten einer nahegelegenen Kolonie solange, bis er sich von ihnen zum Abbas, zum Abt wählen ließ. Seine Lebensordnung, die Regula Benedicti (RB), wurde nicht nur zur Grundlage des abendländischen Mönchtums. Die Benediktinerklöster breiteten sich ungeheuer rasch aus und die RB wurde durch ihre lebenspraktische Klugheit zur prägenden Richtlinie für den kulturellen Grundstock des heutigen Europa. Das Ideal der ägyptischen Wüstenväter und -mütter geriet darüber in den Hintergrund. Vergessen aber war es nicht. Immer wieder zogen sich Einzelne zurück in die Einsamkeit. In die Wälder des schweizerischen Etzelberges wie Meinrad; in die Hügellandschaft des Weserberglandes wie Helmtrud; oder, etwas skurril, wie der schottische Einsiedler Donewald, der zusammen mit seinen neun Töchtern in Forfashire im 8. Jahrhundert gelebt haben soll. Ebenso blieb das Wandereremitentum, die Peregrinatio bekannt. Auch geschrieben wird weiterhin über das Leben der Einsiedler. So zeichnet Grimlaicus im 9. Jahrhundert seine „Regel für die in der Einsamkeit

Lebenden" auf, und Aelred von Rievaulx, der große, englische Zisterzienserabt, verfasst eine Reklusenregel für seine Schwester. Ein neuer Höhepunkt ist schon in Sicht.

„Müßiggang ist ein Feind der Seele. Deshalb müssen sich die Brüder zu bestimmten Zeiten der Handarbeit (...) widmen. Bringt es die örtliche Lage mit sich, dass die Brüder selbst die Feldfrüchte einernten müssen, so sollen sie deswegen nicht unwillig werden. Denn dann sind sie ja in Wahrheit Mönche, wenn sie von ihrer Handarbeit leben nach dem Beispiel unserer Väter und der Apostel."[18]

Benedikt hatte der Arbeit das negative Image des Tagelöhners und Lohnabhängigen genommen. Straffe Diziplin, Fleiß, das Einsetzen der Talente und Fähigkeiten jedes einzelnen Mönches erreichten nicht nur eine gut funktionierende Selbstversorgung. Ein beständiger Aufstieg erfolgte, brachte Wohlstand und allmählich auch Reichtum mit sich. Kunst und Wissenschaft entwickelten sich, aber auch die feinen Netze der Feudalpolitik, in die die Klöster immer mehr verstrickt wurden. Das einstige Ziel, der Gottesdienst, das Gebet, die Vereinigung mit Gott, geriet mehr und mehr unter den Wust materieller Geschäfte und machtpolitischer Streitereien. Als Heilmittel erscholl der Ruf: Zurück in die Wüste!

Neue Orden entstanden, die das alte Ideal der Einsiedler mit einem Minimum an gemeinschaftlichem Leben zu verbinden suchten: Romuald gründet die Kamaldulenser, Bruno die Kartäuser, Stefan von Muret den Orden von Grandmont, Johannes Gualberto das Kloster Vallombrosa. Die Benediktiner-Eremiten des Wilhelm von Vercelli entstehen. Ebenso die Cölestiner vom Monte Murrone, deren Mitglied Pietro von Murrone später (1294) Papst Cölestin V. wird. Und Petrus Damiani, Einsiedler aus Fonte Avellana, später Kardinal und die letzten zehn Jahre seines Lebens wieder Einsiedler, hält das anachoretische Leben sowieso für die einzig wirklich passende Form eines aufrichtigen Christen.

### *Der Anteil der Frauen steigt*

Die Armutsbewegung (ab 11. Jahrhundert) bringt eine unüberschaubare Vielfalt von miteinander, nebeneinander und durcheinander existierender Möglichkeiten, Christus nachzufolgen. Das Einsiedlertum wird dabei zu einem äußerst vielschichtigen Phänomen, zu dem kurios seltsame Auswüchse ebenso gehören wie Beispiele tiefster Demut und intensiv gelebter Gottesnähe. Auch die jetzt entstehenden Bettelorden halten zum ägyptischen Ursprung Kontakt. Dominikus studiert die Wüstenväter und ist an der Regel von Grandmont interessiert. Franziskus schreibt eine Regel pro eremitoriis data, eine Regel für jene, die in Einsiedeleien leben wollen, und er zieht sich am Ende seines Lebens für eine Weile dahin zurück. Und Augustiner-Eremiten und Karmeliten sind vom Ursprung ihres Entstehens immer schon Einsiedler gewesen. Da in der Armutsbewegung auch die erste Frauenbewegung der Kirche entsteht, spannt sich die Bandbreite christlichen Lebens für Frauen ebenfalls weiter und wird sehr bunt. Vor allem bei den Reklusen (Einsiedler, die in eine Zelle eingemauert werden) nimmt der Anteil der Frauen rapide zu. Zwei durch ihre Ausstrahlung, Reformtätigkeit und schriftstellerischen Werke besonders bekannt gewordenen Reklusen sind Coleta von Corbie (1381–1447) und Juliana von Norwich (1343–1416).

Der Lebensweg der Nicolette Boylet war wechselvoll und nach der Meinung ihrer Umgebung unbeständig: Eine „Auszeit" bei Beginen, Eintritt bei Benediktinerinnen, dann bei Klarissen, dann Mitglied im dritten Orden des heiligen Franz. Und 24-jährig lässt sie sich in drei winzige Räume einmauern, die an ihre Heimatkirche angrenzen. Nach vier Jahren glaubt sie sich zur Reform des Klarissenordens berufen, ganz Corbie ist empört – aber der Erfolg gibt ihr Recht. Sie wird eine der größten Frauen des Ordens, und der von ihr gegründete Reformzweig der Klarissen existiert bis heute.

Juliana von Norwich wurde mit 30 Jahren Einsiedlerin und lebte in einer Zelle, die an die St. Julians-Kirche in Norwich angegliedert war. Ihr „Book of showings", Buch der Erscheinungen, gehört mit zu den wichtigsten spirituellen Werken im England des 14. und 15. Jahrhunderts. Ebenfalls bedeutende Impulsgeber in England und bis auf den Kontinent waren der Wandereremit Richard Rolle, Walter Hilton (zuerst Einsiedler, später Augustinerchorherr) und der Verfasser der berühmten „Cloud of unknowing", der „Wolke des Nichtwissens", der wahrscheinlich ein Kartäusermönch war.

### *Eine mächtige Bewegung*

Ab dem Ende des 15. Jahrhunderts scheinen die Eremiten langsam aus der Ordenslandschaft zu verschwinden. Ein besonders eindrucksvolles Bild zeigt noch der Klausner Nikolaus von Flüe (1417–1487), der 50-jährig mit Einwilligung seiner Frau die Familie verlässt. Der ehemalige Ratsherr lebte als Einsiedler in einer winzigen Hütte im Schweizer Ranft. Der Nachwelt blieb vor allem seine Rolle als Friedensstifter im Gedächtnis und sein außergewöhnliches Fasten, das Walter Nigg „eine Begnadigung des Himmels und kein Bravourstück eigener Kraft" nannte.

Für lange Zeit bestimmen dann die Religionskriege das Bild des Abendlandes. Die Hugenottenkriege (ab 1562) und der Dreißigjährige Krieg (1618–1648) lassen wenig Platz für Einsiedler. 1525 entstehen zwar noch die Kapuziner, ein franziskanischer Orden, der am Anfang stark eremitisch ausgerichtet ist, aber er wandelt sich bald zu einem beliebten Seelsorgeorden. Eine alte religiöse Lebensform scheint auszusterben. Vielleicht noch ein oder zwei Eremiten, die mühsam festhalten, wozu sie sich in besseren Zeiten entschlossen hatten. Aber mehr nicht. Mehr nicht? Die Kriege mit ihrem Leid,

Elend und den furchtbaren Grausamkeiten schlugen überall die Maske des kurzlebigen Weltglücks ab. Die Sehnsucht der Menschen nach dauerndem Heil und der Wunsch, die Kriegsgräuel zu sühnen, brachen sich machtvoll die Bahn. Die wenigen, verstreut lebenden Einsiedler im oberbayrischen Freising zum Beispiel erlebten Ende des Dreißigjährigen Krieges einen vorher nie gekannten Zustrom. Aber die geistliche Ausbildung ehemaliger Söldner ist nicht unbedingt ausreichend für ein Leben, das auf Disziplin und konsequentes Gebet ausgerichtet ist. Nach kurzer Zeit besiedeln viele der Veteranen die Klausen oder hauen sich schnell irgendwo eine Hütte zusammen. Aber bald werden Klagen laut. 1686 versuchen zwei Freisinger Eremiten – die Quellen nennen sie Frater Urban Stockwieser und Frater Vitus Obermeier[19] – ein Eremitenbündnis zu gründen, um die stetig anwachsende Bewegung in geordnete Bahnen zu lenken. Hieraus entsteht das „Institut der eremitischen Kongregation". Und „zu Beginn des 19. Jahrhunderts bestanden in der bayrischen Kongregation 151 Klausen"[20].

Der Reichsdeputationshauptschluss vom 25. Februar 1803 (Anordnung, Bistümer und Klöster zu enteignen, um deutsche Fürsten für Verluste durch Napoleon zu entschädigen) setzte dem allen ein Ende. 1804 wird das Institut aufgehoben, ebenso die Regensburger Eremitenkongregation, der bis dahin 39 Klausen angehörten. Die Einsiedler dürfen als Küster (Messner), Lehrer, Handwerker oder Organisten weiterarbeiten. Nun scheint es endgültig aus zu sein mit dem ägyptischen Ideal.

### *Glut unter der Asche*

Das 19. Jahrhundert hatte nicht viel übrig für „mittelalterliche Überbleibsel". Das Einsiedlertum galt als rückständig, Eremiten als weltfremd. Es gab sie noch, ja irgendwo, aber in

Deutschland richtete man sein Interesse eher auf den Kulturkampf und die neuen sozialen Probleme.

Um die Jahrhundertwende sickern dann erste Berichte über einen Einsiedler aus der Sahara nach Europa. Unter den Menschen, die Christus nicht kennen, das Evangelium von den Dächern rufen durch das eigene Leben: geistliches Motto des Charles de Foucauld (1858–1916). Einige bewundern sein Leben, heben seine Briefe auf, notieren seine Daten – aber Auswirkungen scheint das vorerst nicht zu haben. Rückblickend aber wirkt es wie ein kräftiger Luftzug, der die Glut unter der Asche wieder entfacht. Wer heute, am Beginn eines neuen Jahrtausends, auf die Suche geht nach den Eremiten der letzten hundert Jahre, wird international fündig. Da berichtet ein Franziskaner von einer Begegnung Sommer 1945 mit einer „Marabu" im algerischen Atlasgebirge. Sein Fahrer hatte ihn in ein abgelegenes Zeltdorf mitgenommen, wo in einem Felsen hinter einer schweren Holztür eine Ordensfrau im weißen Habit drei winzige Räume bewohnte. „Die erste Höhle diente ihr als Wohnraum, wenn das nicht zuviel gesagt ist; da war nur ein Bett, bestehend aus einem Brett mit einem Holzkeil als Kopfkissen und einer Strohmatte; dazu ein Schemel und eine kleine Kommode. Die mittlere Höhle war eine Kapelle. Ich war erstaunt, darin das Ewige Licht brennen zu sehen. Sie erklärte mir, dass sie von Papst Pius XII. (...) die Erlaubnis bekommen hatte, in der ständigen Gegenwart des Herrn zu leben, und das in einer Welt, die von Christus noch nichts wisse. Ein Priester, Einsiedler hoch in den Bergen, komme alle paar Monate vorbei und erneuere die heiligen Hostien. (...) Die dritte Höhle war leer." Die Eremitin, Schwester Johanna, sei ausgebildete Krankenschwester gewesen. Sie habe tagsüber die Aussätzigen eines nahegelegenen Lagers versorgt. Nachts hätte sie gebetet.[21]

Oder eine Reportage erwähnt die katholische Ordensfrau Schwester Prasanna Devi, die im indischen Bundesstaat Guajarat als Einsiedlerin an einem Wasserloch lebt. Ein weißes

Fähnchen signalisiert den Besuchern: Hier ist ein heiliger Ort. Meditation sieht die Schwester als ihre wichtigste Aufgabe an. Ratsuchende kommen häufig zu ihr und finden jemanden, der zuhört und hilft. „Wir Christen leisten im Guajarat viele soziale Dienste. Noch mehr Achtung hat man aber vor jemandem, der sich einfach hinsetzt und betet.“[22] Und in Mauretanien, Westafrika, erzählt Martin Happe, der Bischof von Nouakchott, von „seinem“ Einsiedler. „Wir haben einen Mönch, einen Einsiedler, der das kontemplative Leben als Element unserer Kirche repräsentiert, und wir freuen uns darüber! Wir hoffen, dass er noch lange da sein kann.“[23]

Und diese Aussage geschieht auf dem Hintergrund von nur sieben Priestern in der gesamten Diözese.

Auf Mallorca, der „Insel der Deutschen“, gibt es seit 1642 ein reich entfaltetes eremitisches Leben. 16 Klausen existieren noch. Sie liegen zum größten Teil im Nordwesten der Insel. Allerdings ist zurzeit nur eine davon bewohnt.

Als einer der wichtigsten Impulsgeber des Eremitentums im 20. Jahrhundert gilt der amerikanische Trappist Thomas Merton (1915–1968). Sein wechselvolles Leben und die konsequente geistliche Schule in seinem Kloster „Our Lady of Gethsemani“ in Kentucky/USA formen aus ihm einen großen geistlichen Lehrer. Auf der Suche nach Gott, nach der ewigen, allgemeingültigen Weisheit, durchwandert er die Abgründe seines Herzens und findet den Frieden in Christus. „In der Wüste des Alleinseins und der Leere wird es deutlich, dass die Angst vor dem Tod und das Bedürfnis nach Selbstbestätigung illusorische Dinge sind. Sieht man dieser Tatsache offen ins Auge, dann hat man zwar nicht notwendigerweise alle Qual überwunden, aber man kann sie akzeptieren und verstehen. So findet man im Herzen der Qual die Gabe des Friedens und des Verstehens; und zwar nicht nur als persönliche Erleuchtung und Befreiung, sondern in der Form der Hingabe und des Sich-Einfühlens, denn der Kontemplative muss sich die Qual aller und die unentrinnbare Lage der sterblichen Menschen zu eigen machen. Weit davon entfernt, sich in sich selbst einzuschließen, wird der Einsiedler zum Jedermann. Er wohnt in der Einsamkeit, der Armut und der Bedürftigkeit von Jedermann."[24]

Von der neuerwachten Eremitenbewegung in Frankreich zeichnen Serge Bonnet und Bernard Gouley ein aufschlussreiches Bild. Ihr Buch „Gelebte Einsamkeit" berichtet von der wachsenden Zahl der verschiedenen eremitischen Lebensformen, die etwa ab Ende der Fünfziger Jahre bekannt wurden. Und in Deutschland?

Die Regensburger Kongregation zum Beispiel erholte sich nach der Aufhebung von 1804. Im Jahre 1928 bestehen schon wieder 26 Klausen mit 29 Brüdern. 1963 werden sie dem Franziskanerorden angegliedert.[25]

Eine Studie von 1995 zählt zurzeit 43 Eremiten und Eremitinnen im deutschsprachigen Raum.[26] Allerdings fallen einige Diözesen aus der Rechnung heraus, da sie auf Anfrage keine Antwort geben konnten oder wollten. Und eine Reihe der heute lebenden Einsiedler und Einsiedlerinnen tauchen in der Studie überhaupt nicht auf, da sie nirgends „registriert" sind.

Eine neue Vereinigung ist das Werk „Wachet und Betet". Ende der siebziger Jahre entstanden, leben zurzeit sechs Mitglieder in verschiedenen Bistümern, häufig in leerstehenden Pfarrhäusern. Die Gründerin starb 1998. Auch eine der Reklusen ähnliche Gemeinschaft existiert bei den Armen Schwestern vom heiligen Franziskus. Die acht Schwestern (März 2000) sind allerdings nicht eingemauert, sondern leben in strenger Klausur. Ihr intensiver Tagesablauf mit durchgehender Nachtanbetung (jede Schwester 1½ Stunden pro Nacht) ähnelt denen der Klarissen.

Dazu kommen noch eine Reihe Menschen, deren Leben eremitische Züge trägt, ohne dass eine kirchliche Bindung im Sinne von Gelübden oder Versprechen angestrebt wird.

Ein buntes Bild eremitischen Lebens im Deutschland des beginnenden 3. Jahrtausends. Erstaunlich bunt mit erstaunlich vielen, sehr unterschiedlichen Menschen. Aber was ist eremitisches Leben vom Wesen her? Wem dient es? Was bedeutet es in der Tiefe für eine Kirche, in der diese Berufungen anscheinend wachsen? Geht es nicht doch nur um das eigene religiöse Bedürfnis, um das eigene Seelenheil?

## „... das Innere des Mysteriums der Kirche ..."

### *Ein geheimnisvoller Austausch*

Die Kirche ist ein Netzwerk. Vielgestaltig und bunt verbinden sich in ihr Glauben und Handeln, menschliches Wirken und göttliche Gnade. Immer sind es dabei zwei Ebenen der Wirklichkeit, auf denen Kirche lebt, ähnlich den zwei Seiten einer Münze. Das Handeln des Christen ist öffentlich, sichtbar, es geschieht nach außen hin, im Bereich der Gemeinde, im institutionellen Gefüge. Es ist nachprüfbar, manchmal sogar messbar. Handeln zeigt sich im konkreten Akt. Auf der anderen Ebene, der verborgenen, privaten und eher intimen, liegt der Glaube, das Gebet, die Vergewisserung der Gottesbeziehung. Immer aber lebt Kirche auf beiden Ebenen zugleich. Die Anerkennung des Geheimnisses Christi und das Wirken des Menschen aus der gläubigen Annahme dieses Geheimnisses heraus sind nicht zu trennen. Immer vermischen sich die Ebenen, sind miteinander und ineinander verwoben, bedingen und befruchten sich gegenseitig, stehen durch vielerlei Verbindungen in Beziehung; ein geheimnisvoller Austausch durch unsichtbare Kanäle. Fehlt eine der beiden Seiten oder ist sie unterrepräsentiert, gerät alles in Schieflage. Der Rückzug in reine Innerlichkeit ohne die Umwandlung des Herzens führt zum selbstzufriedenen Ghetto, zur „Kuschelecke mit Jesus". Handeln ohne Reflexion und ohne Rückbesinnung, ohne Kontaktsuche zu Gott, zu Christus als dem Ursprung der Kirche, wird zum letztlich unfruchtbaren Aktivismus. Auf welcher Ebene er seine Schwerpunkte setzt, entscheidet dabei jeder Christ selbst.

Eremiten legen ihn auf die verborgene Ebene, entscheiden sich für den Innenraum der Gottesbeziehung. Sie suchen den Urgrund, die Quelle, aus der die Kirche mit Kraft, Weisheit, mit Klarheit, Mut und Ausdauer beschenkt wird. Die Quelle, aus der eine ewige Wahrheit sprudelt.

„... In mir einen Raum schaffen, in dem Gott bejaht und angebetet wird, in dem ich ihm begegnen kann", formuliert es eine Eremitin am Telefon. Und Marie berichtet in ihrem Brief von dem Bemühen, diesen Raum zu verteidigen: „Ich bin der festen Überzeugung, dass es Menschen geben muss, die sich in diesen Kampf hineinziehen lassen. Stellvertretend für die Vielen, die bei den ersten Schwierigkeiten das Handtuch werfen und den Glauben hinterher."

Schwester Gertrudis Schinle beschreibt die verborgene Beziehung zur öffentlichen Ebene als Auswirkung eines hoffenden und empfangsbereiten Hörens: „Das innere Leben der Kirche besteht vor allem in ihrer Empfänglichkeit für das Feuer Gottes; darum muss der Dienst des Schweigens in ihr durch alle Zeiten hindurch vollzogen werden."[27] Das Schweigen sei Anbetung und strahle „mächtig in das Innere der Kirche hinein, es leuchtet weithin in einem Umkreis, den nur Gott selber abzugrenzen weiß"[28].

Die Bibel bringt das faszinierende Netzwerk der Kirche ins Bild mit dem Begriff vom Leib: „... So sind wir, die vielen, ein Leib in Christus", schreibt Paulus im Römerbrief (12,5), und er malt das Bild im 1. Korintherbrief breit aus. Wie intensiv dieser Zusammenhang ist, betont er zum Schluss: „Wenn darum ein Glied leidet, leiden alle Glieder mit ihm; wenn ein Glied geehrt wird, freuen sich alle anderen mit ihm." (1 Kor 12,26)

### *„pro nobis": Schlüsselwort christlicher Existenz*

Eremiten versuchen auf das Wesentliche konzentriert zu sein. Ihr einfaches, oft spartanisches Leben, in dem alles weggelassen wird, was ablenkt, zerstreut, die Sammlung auszudünnen droht, kehrt sich in radikaler Weise zum Ursprung. Jesu Leben, Tod und Auferstehung, seine Hingabe „pro nobis", für uns, sind Mittelpunkt. Mit seinem Gebet, seinem ganzen Leben, mit allen Sehnsüchten und Wünschen, allen Schwächen und Fehlern gibt sich der Einsiedler in die Lebenshingabe dessen hinein, der einsam im Ölberggarten um den Willen des Vaters gerungen hat und der am Kreuz, im Gefühl tiefster Verlassenheit, allein starb. Sich darauf einlassen, sich dem rückhaltlos öffnen, führt in eine Lebensgemeinschaft, führt in das Innere des Geheimnisses der Kirche, führt zum Grund aller Hoffnung.

## „... die persönliche Vertrautheit mit Christus ...“

### *Einer Freundschaft Ausdruck geben*

Beziehungen leben von der Kommunikation, vom vertrauten Umgang. Miteinander reden, aufeinander hören, zusammen Zeit verbringen, das gleiche Ziel verfolgen: es gibt viele Möglichkeiten, einer Freundschaft Ausdruck zu geben. Auch die Beziehung zu Gott lebt von der Zuwendung, zeigt sich in den unterschiedlichen Weisen des Miteinander, prägt sich aus in einem immer tiefer werdenden Erkennen. Eremiten suchen die Beziehung zu Gott, zu Christus im ständigen Gebet. Verstanden als Ausdruck der Zuwendung ist das Gebet der einzelnen Eremiten so vielfältig wie ihre jeweils unterschiedlichen Lebensbedingungen. Die meisten beten die Horen (Tagzeiten) des Stundengebetes, entweder des römischen oder des monastischen Breviers. Manche stellen sich auch ein eremitisches Stundenbuch zusammen, das auf das Einsiedler-Dasein besonders ausgerichtet ist, wie zum Beispiel die Eremitinnen der Klause Egg. Dazu kommen noch Rosenkranz, Litaneien oder Schöpfungsmeditationen und Betrachtungen der Schrift. Häufig wird die Ruminatio praktiziert, das ständige leise oder lautlose Wiederholen einzelner Schrifttexte und Psalmverse. Mit so einem Wort „schlafen gehen und damit aufstehen“, beschreibt es die Einsiedlerin aus der Klause im Wald. Ebenso wird das ähnlich strukturierte Jesus-Gebet praktiziert. Das Wort der Schrift nimmt im Leben des Eremiten einen breiten Raum ein. Nicht nur bei der Ruminatio, auch die Lectio, das betende, meditierende Lesen der Heiligen Schrift vertieft und erweitert den Raum der Gottesbeziehung. Die „Wolke des Nichtwissens“, eine aus dem 14. Jahrhundert stammende Meditationsform, wird ebenfalls von einigen Eremiten und Eremitinnen geübt. Dieses achtsam lauschende, stille Ausstrecken nach Gott in ehrfürchtiger und dankbarer Haltung zieht das Schweigen des Einsiedlers intensiv auf die göttliche Spur. „Erhebe dein Herz zu Gott mit einer demütigen Regung der Liebe; meine Gott selbst und keine seiner Eigenschaften. Empfinde einen Widerwillen davor, an irgendetwas außer an Ihn zu denken, auf dass nichts in deinem Verstande und in deinem Willen wirke als allein Er selbst."[29]

Die Mitfeier der Eucharistie hat bei fast allen Eremiten und Eremitinnen einen hohen Stellenwert. Soweit möglich, wird mehrmals in der Woche die Messe besucht. Die Konstitutionen der Regensburger Eremitinnen-Gemeinschaft „Wachet und Betet" betonen sogar ausdrücklich: „Die tägliche Teilnahme an der Eucharistie ist selbstverständlich"[30], und „Höhepunkt allen Betens bleibt die Eucharistiefeier und die Eucharistische Anbetung"[31]. Dabei haben es die süddeutschen Einsiedlerinnen und Klausner meist leichter, Kirchen mit täglicher Messfeier zu finden. In der norddeutschen Diaspora mit ihrem regional oft starken Priestermangel sieht die Lage wesentlich anders aus. Viele haben die Erlaubnis, das Allerheiligste bei sich aufzubewahren. „Ein großes, unverdientes Geschenk", wie eine Eremitin am Telefon erzählt.

### *Veränderte Wahrnehmung*

Wer wahrhaft betet, öffnet sich dem Geist. Er streckt sich aus nach dem, dem er in Freundschaft verbunden ist, den er liebt. Und „wenn jemand mich liebt, wird er an meinem Wort festhalten; mein Vater wird ihn lieben und wir werden zu ihm kommen und bei ihm wohnen." (Joh 14,23) Beten ist Eintauchen in die Beziehung des dreifaltigen Gottes. Gebet schafft somit auch Gemeinschaft mit allen, die ebenfalls in dieser Beziehung leben. Eine Beziehung intensiv leben, sich auf den Anderen einlasssen, heißt auch, sich wandeln, sich umformen zu lassen in der Auseinandersetzung, zu reifen in der Konfrontation mit dem geliebten Du. Der Prozess der

Wandlung aber schärft nicht nur die Sensibilität für die vielschichtige eigene Person mit all ihren Licht- und Schattenseiten. Der Blick für den Anderen, die Wahrnehmung des Mitmenschen verändert sich, seine Not und sein Kummer, sein in Angst und Schmerz zur Maske verhärtetes Gesicht wird durchsichtig. Auf einmal wird real erfahrbar, dass Gott in jedem Menschen gegenwärtig ist, in ihm lebt. Hinter der verschlossenen äußeren Fassade wird das Antlitz des Freundes, des Geliebten erkennbar. Zunächst noch schemenhaft und verschleiert, tritt immer deutlicher Jesu verborgene Anwesenheit im Menschen hervor. Dieses Ausmaß der Menschwerdung Gottes wahrzunehmen, schenkt nicht nur die freudige Glaubensgewissheit, selbst von Gott angenommen und geliebt zu sein. Sie führt auch immer tiefer in das Erkennen Gottes hinein und facht die Sehnsucht an, über die verborgenen Kanäle allen Menschen die Wege zu diesem Glück und zu diesem tiefen Frieden zu ebnen. Diese Sehnsucht, die nie aufhört zu wachsen, ist ein Einfallstor der Gnade, das sich in allen kontemplativ lebenden Menschen öffnet. Ein verlockendes Einfallstor – denn welcher Liebende könnte einer solchen Sehnsucht widerstehen?

## „Den Augen der Menschen verborgen ..."

### *Einsamkeit hat viele Gesichter*

Vor einigen Jahren zog das Plakat alle Blicke auf sich. Ein schmales Jungengesicht hinter einer großen, staubigen Fensterscheibe. Augen, die ins Leere starren. Ein Finger, der wie träumend einen Satz von hinten an die Scheibe malt: „Manchmal, wenn ich immer allein zu Hause bin, macht das Haus so komische Geräusche."

Einsamkeit hat viele Gesichter. Die alte Frau, verwitwet, die Kinder aus dem Haus; der Langzeit-Arbeitslose, der nach und nach verlegen gemieden wird; der psychisch Kranke; ein Verzweifelter, der von der Flasche nicht mehr los kommt und allmählich von der Isolation erdrückt wird: Menschen, die aus eigener Kraft die alles zermürbende und manchmal tödliche Vereinsamung nicht durchbrechen können.

Diese Einsamkeit ist häufig, Tendenz steigend. Wahrgenommen wird sie meist nur, wenn eine Zeitungsnotiz meldet: Tote lag sechs Wochen in ihrer Wohnung.

Aber auch dies ist Einsamkeit: sich für eine Zeit zurückziehen, Kraft schöpfen in der Stille, einmal wieder die Prioritäten des eigenen Lebens überdenken ohne die Sachzwänge und Notwendigkeiten der alltäglichen Routine. Oder, wie es der heilige Franz von Sales formuliert haben soll: Mit wenigem in Frieden und in Muße, genügt mir Gott samt einem guten Buch. Und du, willst du mir Freude machen, lass mich allein in meiner Einsamkeit.

Zwei Formen von Einsamkeit, die wie das Negativ und Positiv eines Fotos darauf hinweisen: einsam zu sein ist eine der Grundbefindlichkeiten des Menschen und zugleich eine seiner Voraussetzungen. Für Thomas Merton gehört sie sogar zum Wesen der menschlichen Persönlichkeit. „Der Mensch ist so weit Person, wie er ein verborgenes und einsames Eigenleben hat, das er mit niemandem teilen kann. Wenn ich jemanden liebe, werde ich das an ihm lieben, was ihn am meisten zur Person macht: die verschwiegene Tiefe, die Verborgenheit, die Einsamkeit seines persönlichen Seins, die Gott allein durchdringen und verstehen kann."[32]

Die Wahrnehmung der Einsamkeit ist sehr unterschiedlich und ihre Wertung auch. Für die meisten Menschen ist Einsamkeit bedrohlich. Denn dass letztlich keine noch so innige Gemeinschaft oder Zweisamkeit diese Einsamkeit des Menschen völlig aufheben kann, wird unausweichlich deutlich im Augenblick des Todes. Und die in der Einsamkeit verborgene Angst erinnert daran: Hier wird jeder allein sein und diesen Schritt auch allein bestehen müssen.

„... Alles ist wie von unendlicher Ferne, alles ist da, aber wie unwirklich geworden, ferngerückt, und wie tot, man ist wie von einer unendlichen Einsamkeit verschluckt, sich selbst überlassen und sich selbst zugleich fremd, ausgesetzt in das Totsein, das man selber ist."[33]

### *Mittel für einen Weg*

Der Eremit wählt die Einsamkeit bewusst und freiwillig. Sie unterscheidet ihn von den anderen kontemplativen Berufungen in der Kirche und gibt seinem Leben einen ganz entscheidenen Schwerpunkt. Der äußere Rahmen ist dabei wichtig, gestaltet sich aber bei jedem Einsiedler und jeder Eremitin unterschiedlich.

Die Schwestern in Klause Egg zum Beispiel haben fast nie Außenkontakte. Und Bonnet und Gouley berichten von der Einsiedlerin Thais, die in einer Felsenhöhle wohne und außer ihrem geistlichen Begleiter und dem Bischof nie Besuch empfange.[34] Andere Eremiten leben unter den Menschen, sind Ansprechpartner in Wallfahrtsorten, und ihre Tür steht ratsuchenden Pilgern offen. Die Bandbreite der verschiedenen Formen der Zurückgezogenheit zeigt, dass eremitische

Einsamkeit nicht völlige Kontaktlosigkeit oder Isolation meint. Für den Einsiedler ist sie eines der Mittel, einen ganz bestimmten Weg radikal zu gehen und damit einen Dienst in Kirche und Welt vollziehen zu können. Einsamkeit wirft den Menschen auf sich selbst zurück. Sie kann ihn zur Auseinandersetzung bringen mit dem, was Mensch-Sein im Tiefsten bedeutet. Einsamkeit konzentriert, verdichtet, kann alles zerschlagen und zertrümmern, was unwichtig und unnötig ist auf dem Weg zu Gott. Nur ab und zu einige Tage Stille können jedoch das Maß dieser Auseinandersetzung kaum spürbar werden lassen. Sich einzulassen auf den Weg der Stille, der Wandlung „von der Vielfalt der Gedanken zur Einfalt der Gottesbeziehung", wie es Bruder Benedikt erklärt und am Beispiel des Glases Wasser zeigt, ist ein langer Prozess. „Stille und Einsamkeit bewirken eine innere Spannung. Wenn man diese Spannung nicht hält oder halten kann, geht man entweder in irgendeine Leistung herein oder man landet im Sumpf. (...) Dann geht der geistliche Push, das ‚Ganzdransein', dieses ‚Nur-Du', das geht dann verloren. Manchmal ist das Leben hier auf Messersschneide."

Es fehlt nicht an Warnungen. Die eremitische Einsamkeit ist scharf. Ehrlich gesucht, schält sie nach und nach die vielen Verkrustungen ab, die Menschen über ihre inneren Schwächen und Verletzungen, Fehler, Ängste und Egoismen haben wachsen lassen. Frater Bruno weiß es aus der Erfahrung eines langen Eremitenlebens: „Die gottgeweihte Einsamkeit ist wahrhaftig kein Ort für labile Charaktere", und die Berufung zum Einsiedler könne ein Mensch sich „noch weniger selbst geben als eine Berufung zum Weltpriester zum Beispiel".

### *Getrennt von allen und doch vereint mit allen*

Eremiten setzen sich der Einsamkeit aus. Sie lassen sich auf sie ein, lassen sich von ihr durchdringen und sagen freiwillig und bewusst ihr Ja dazu. Dabei geht es nicht zuerst darum, den Schmerz der Einsamkeit in Nicht-Schmerz umzuwandeln. „Es geht darum, ihn zu teilen, erstmal!“, wie es die Eremitin aus der Klause im Wald erklärt. „Für mich zeigt dies auch ein Stück die Ernsthaftigkeit meiner Gottesbeziehung. Wenn ich den Schmerz anderer Leute nicht mehr an mich heranlassen könnte, dann wäre das wirklich ein Zeichen dafür, dass ich meine Aufgabe nicht mehr erfülle.“ Das freiwillig und bewusst gesprochene Ja zerbricht in der Tiefe die lebensbedrohende Struktur der Einsamkeit und öffnet in ihr Wege zu vorher verschlossenen, inneren Räumen. Der freiwillig gewählte Weg in die Einsamkeit führt über viele Stadien zum Grund menschlichen Daseins überhaupt. Führt in die Gemeinschaft des dreifaltigen Gottes hinein, in die innergöttliche Beziehung der reinen Liebe, in der alle Menschen, alles Geschaffene seinen Ursprung und einen immer offen bleibenden Platz hat. „Getrennt von allen und doch vereint mit allen“, nennt es einer der größten Lehrer der Wüste, Evagrios Pontikos.

In diese Einsamkeit gehen und sie fruchtbar leben und bewahren kann der Eremit nur mit Blick auf Christus, der in der Verlassenheit des Kreuzes diesen Weg unüberbietbar vorgezeichnet hat. Es ist ein Weg, der in lebensvolle Einsamkeit führt. Ein Weg, der zeichenhaft und stellvertretend für die Vielen den Weg des Christen, den Weg des Menschen überhaupt verdeutlichen will. Ein Weg, an dessen Ende alle zutiefst geeint sein werden.

## „... sein Leben ganz Christus übergeben ...“

Möglich und fruchtbar wird das Leben in der Einsamkeit nur in ehrlicher Radikalität. Eremiten sind meist ‚Alles-oder-Nichts-Typen‘. Sie verzichten nicht leichtfertig auf die Geborgenheit einer Gemeinschaft oder Familie oder wählen dieses Leben aus Menschenfurcht, Lebensuntauglichkeit oder selbstherrlicher Distanz zur Welt. Der Ruf in diese Lebensform muss deutlich sein, und oft dauert es Jahre, bis er klar erkannt und gegangen werden kann. Dreh- und Angelpunkt ist die Beziehung zu Christus. „Und du, du gehst in die Einsamkeit, so ähnlich wie die Schatzgräber. Diesen Schatz, Christus, immer mehr in mir entdecken“, erinnert sich eine der porträtierten Einsiedlerinnen an die Zeit ihrer Entscheidung. Und die Schwester aus der Klause im Wald wurde von der Intensität der ersten Wüstenväter und -mütter angezogen. „Dass sich das Leben um Gott allein dreht!“

Der Schritt in die Einsamkeit kann nur im Vertrauen auf Christus gegangen werden, und die Hingabe jedes Eremiten und jeder Einsiedlerin ist die logische Konsequenz daraus. Dass die romantischen Bilder und Klischees, mit denen heute lebende Eremiten immer wieder konfrontiert werden, an der täglichen Realität der Klause zerplatzen, ist eine der ersten Erfahrungen, die zu Beginn des Weges gemacht werden. Gott ist ja nicht einer, mit dem man „wie mit einem braven Weib in einem Schrebergartenhäuschen seine Tage verlebt“ (B. Schellenberger).[35] Hingabe bedeutet für den Einsiedler die vorbehaltlose Zustimmung zu einem Prozess der Wandlung, von dem in der Klause nichts ablenkt. Es bedeutet, sich hineinzugeben in eine restlose Verfügbarkeit, die ihr Vorbild hat im Gekreuzigten und im konsequenten Ja der Mutter Jesu. Sein Leben Christus zu übergeben, heißt für den Eremiten, sich zu entäußern, sich aller Hartherzigkeit und Lieblosigkeit, aller Gleichgültigkeit und Lauheit, aller Egoismen entkleiden zu lassen. Nackt zu werden vor Gott und sich selbst und die

Welt ohne Beschönigung zu sehen. Sein Leben ganz übergeben, heißt eine Erkenntnis in die Tat umzusetzen. Heißt, sich der eigenen Schwäche bewusst geworden zu sein und der vielfältigen Manipulationen von innen und außen. Manipulationen, die ungeordnete, zum Egoismus verkrüppelte Triebe und Bedürfnisse hervorbringen, fördern und sie dann als Entschuldigung heranziehen für einen neuen, noch größeren Egoismus. Ein Teufelskreis, der den Menschen mit seiner tiefen Sehnsucht nach Heil und Glück lautlos und schleichend in eisige Kälte und Traurigkeit abdrängt.

Diese Erkenntnis umzusetzen bedeutet, den Bruch in der eigenen, menschlichen Natur klar zu sehen und sich nach dem umzudrehen, der ihn heilen kann, Christus. Christus, der der Weg, die Wahrheit und das Leben ist (Joh 14,6). Einsiedler versuchen diese Umkehr täglich, ja stündlich. Für sie ist Christus der Brennpunkt in der Geschichte der Welt, der „Berührungspunkt Gottes mit den Menschen" (Th. Heither).

Christus sein Leben ganz zu übergeben, gelingt auch Eremiten nicht auf Anhieb oder in einem einmaligen Beschluss. Der Weg ist lang und dauert das ganze Leben. Und er ist nur zu gehen im Glauben an ihn, in dem „allein wohnt wirklich die ganze Fülle Gottes" (Kol 2,9).

## „... in der Wüste, im geistlichen Kampf die Herrlichkeit des Gekreuzigten zu finden."

### *Ort der ersten Liebe*

Die Wüste hat viele Namen. Den alttestamentlichen Beter erinnerte sie an die großen Ereignisse der Heilsgeschichte – Abrahams Gottesbegegnung am Berg Horeb (Ex 3f), den Auszug aus Ägypten und die Wüstenwanderung (Ex 12,1ff), den Bundesschluss am Sinai (Ex 19f). Vor allem für Hosea und Jeremias war die Wüste der Ort der ersten Liebe. „Auf! Ruf Jerusalem laut ins Ohr! So spricht der Herr: Ich denke an deine Jugendtreue, an die Liebe deiner Brautzeit, wie du mir in der Wüste gefolgt bist, im Land ohne Aussaat." (Jer 2,1)

Die Evangelisten erzählen unter anderem von der Wüste als dem Ort der Entscheidungsfindung. Johannes der Täufer empfängt hier die Aufforderung, das bevorstehende Kommen des Messias anzukündigen, und er beginnt zu taufen und zu predigen (Lk 3,16). Und Jesus selbst geht zu Beginn seines Wirkens in die Einsamkeit (Mt 4,1–11) und zieht sich später immer wieder an abgelegene Orte zurück. Im Gebet, in der reinen Anschauung des Vaters findet er Kraft und Klarheit, seinen Weg zu vollenden (z. B. Mt 14,13.23; Mk 6,31; Lk 9,18).

Im Laufe der Jahrhunderte wandelt sich der Begriff. Zunächst nur auf die Steppen- und Sandebenen Palästinas und der ägyptischen Nilgegend bezogen, nannte man bald auch andere Landstriche Wüste: Die „grüne Wüste" der dicht bewaldeten Berge und Täler Galliens und Germaniens, die „Wasserwüste" um die Inseln vor Irland und Italien, das Ödland und unbesiedelte Brachland der verlassenen Weiten Nordeuropas. Bis hin zur „Stadtwüste" des 20. Jahrhunderts, von der auch die Eremitin mitten im Ruhrgebiet erzählt.

Doch verbanden die Menschen mit der Wüste nicht nur Stille, erste Liebe und Gottesbegegnung. Als Land der großen

Einsamkeit, furchteinflößend und lebensfeindlich, war sie auch Ort der Bewährung, Ort des Ausgesetztseins, Ort des Kampfes. „Man muss hier seine inneren Regungen fein analysieren, das ist meist eine Heidenarbeit!“ beschreibt es Bruder Benedikt und deutet damit den Ort an, an dem der Kampf stattfindet.

### *Ort des Kampfes*

Die Motive zu erkennen, sich für das Richtige zu entscheiden, die eigenen Schwächen anzunehmen und sie Gott hinzuhalten – es ist ein lebenslanger Prozess der Läuterung, bei dem die Eremiten alle Ablenkungen und Ausweichmöglichkeiten so weit als möglich auszumerzen suchen. Hier wird deutlich, die Wüste besteht nicht unbedingt nur aus einsamen Landstrichen oder schwer zugänglichen Berghöhen. Sie ist auch ein Aufenthaltsort im Menschen selbst, gehört zu den innersten Räumen der Seele. Es ist ein zähes Ringen um die Bereitschaft, alles aus dem Weg räumen zu lasssen, was Gott entgegensteht. Standzuhalten den kleinen und großen Versuchungen, die den Eremiten dazu verlocken wollen, dem allgemeinen Sog nach Bequemlichkeit und hohem Lebensstandard nachzugeben. Immer leichter, immer sicherer, immer noch etwas mehr Spaß – diesem Motto der Erlebnisgesellschaft setzen Eremiten das konsequente Nein entgegen.

Um Gottes Willen! Und um der Menschen willen. Denn das einsame Stehen vor Gott im unbedingten Vertrauen auf seinen Heilswillen bezeugt – ob den Menschen sichtbar oder verborgen als innere Fruchtbarkeit der Kirche – einen Glauben, der in Gott allein das höchste Gut sieht und alles Heil. Für jeden Menschen.

Erfolgreich ist der Kampf nur, wenn es dem Eremiten gelingt, sich Gott ganz zu überlassen. „Und ich habe ihm meine Angst, meine leeren Hände, meine Armut gegeben (...) Er hat mir Vertrauen geschenkt. Und in diesem Vertrauen lebe ich", erzählt es eine der Einsiedlerinnen. Aber nicht nur die eigenen Fehler und Schwächen sind Hindernisse auf dem Weg zu Gott. Auch von anderer Seite wird versucht, zu stören und vom Weg abzubringen. „Wissen Sie, wenn man diesen Weg dann ganz treu gehen will ... wie dann der Andere auch kämpft." Es gibt sie, diese Angriffe, die den Beter und die Beterin vom Gebet, von der Hingabe, von der radikalen Ausrichtung auf Gott allein abbringen wollen. Fast alle porträtierten Einsiedlerinnen und Einsiedler wussten davon zu berichten. „Ich muss nicht gleich hinter jeder Ecke den Teufel sehen. Aber es existiert da schon etwas!", weiß es der Eremit im Dorf, und sein Gegenmittel ist einfach, aber wirksam. Zu kämpfen im Bewusstsein: „Jesus ist stärker!" und danach die „Waffen" auszuwählen. Das Wort der Schrift ist dabei die größte Hilfe für den Eremiten. Einzelne Psalmverse, kurze Schrifttexte oder die Worte Jesu zu beten, sie auswendig zu lernen, immer wieder leise zu sprechen – vor allem in Zeiten der Anfechtung –, die Ruminatio lässt das heilende, stärkende und helfende Wort ins Herz, in die Tiefe des Menschen einsickern.

Das Durchdrungensein von der Schrift zusammen mit dem Bemühen, die innersten, also die eigentlichen Motive des Handelns aufzudecken, schafft eine echte Waffe im Kampf gegen die der Liebe entgegengesetzten Neigungen und Schwächen. Und gegen „den Anderen"! Es ist ein Prozess wie eine Spirale, bei der auf jeder etwas tiefer gelegenen Ebene sich alles wiederholt, „nur eben ein wenig tiefer noch und dem eigenen Grund immer näher", wie es im Brief von Marie heißt.

### *Ort der Erfahrung*

Am Ende bleibt nur noch Armut übrig. Eine Armut, in deren Licht alle Leistung, aller materieller Reichtum und Intellekt,

Erfolg und die vielen Wichtigkeiten der Welt plötzlich schal, reizlos und zweitrangig werden. Und hier ist der Weg dann frei. Frei zu der ungeheuren Erfahrung einer Liebe, die ans Kreuz ging. Einer Liebe, die den Menschen liebt, wie er ist – klein, schwach und erlösungsbedürftig. Und die alles gibt, um genau diesen Menschen zu gewinnen.

Eremiten stellen sich. Sie lassen sich auf einen Weg ein, gehen auf die Suche nach der Quintessenz der Heilsgeschichte. Und ihr einsames Stehen vor Gott, ihr Leben in der kargen Einfachheit, ihre reduzierte Lebensweise enden nicht in tödlicher Isolation und bitterer Sinnlosigkeit. Ihre Konsequenz und ihre sehnsüchtige Suche enden im Licht. Enden bei der nackten und gemarterten Gestalt am Kreuz, entdecken hier inmitten von Ohnmacht und Schwäche die Herrlichkeit eines Gottes, der bedingungslos liebt. Nicht nur Eremiten.

## Ein Rückblick nach vorn

### *Überlegungen und Fragen*

Vor fünf Jahren erschien „Einsam und allein? Eremiten in Deutschland“ zum ersten Mal. In dieser recht kurzen Zeit brachte das Buch eine Reihe von Diskussionen in Gang. Die Zahl der Berufungen ist – soweit der Verfasserin des Buches bekannt – leicht gestiegen. Interessenten und vor allem Interessentinnen meldeten sich immer wieder. Die Frage nach der Echtheit einer eremitischen Berufung, nach verlässlichen Kriterien tauchte auf und in ihrer Folge auch die Frage nach dem Kern, der Quintessenz einer eremitischen Berufung nach c. 603 CIC. Viele Anfragen wurden auch von außen an die Schwestern und Brüder in dieser Lebensform gerichtet. Nicht selten mit Polemik und Unverständnis, oft mit ernsthaftem Hintergrund und dem Bemühen zu erkennen, inwieweit diese alte geistliche Lebensform im neuen Gewand vielleicht ein (kleines!) Zeichen der Zeit sein könnte.

Vorbilder für dieses Leben gibt es reichlich. Angefangen vom großen Mönchsvater Antonios und den Brüdern und Schwestern der Wüste, die allein oder in Gruppen im Nahen Osten lebten: in verfallenen Gräbern, in Erdlöchern, Lehmbauten, auf Säulen (Styliten) oder Bäumen (Dendriten), in luftigen Weidenhütten und alten Kastellen. Die nach den theologischen und spirituellen Vorstellungen der Zeit gestaltete Askese dieser Vorbilder nachzulesen kann allerdings erschrecken. „Ein riesiges, ungemein buntes und schillerndes Tableau von Gottsuchern, aber auch von Gottesnarren, von Mystikern, aber auch von Aussteigern, von heilsbesorgten, bußfertigen Menschen, aber auch von Abenteurern und Spinnern wird da vor unseren Augen ausgebreitet. Sie alle legen durch ihre ausgefallenen Lebensformen auf höchst unterschiedliche Weise davon Zeugnis ab, dass für sie die unsichtbare Welt viel, viel wirklicher ist als die oft als einzig real sich gebärdende sichtbare; sie relativieren durch ‚Ver-rücktheiten' – im wahrsten Sinne des Wortes: Ver-rückungen der eingefahrenen Normen – Zeit und Maßstäbe und Üblichkeiten dieser Welt, um sie als etwas zuhöchst Vorläufiges zu enttarnen, um Zeitgenossen Christi zu werden und das verheißene Neue des kommenden Äons jetzt schon vorweg zu erfahren."[36]

Ebenso folgten die Waldklausner und Inseleremiten, die mit Beginn des Mittelalters bis in die Neuzeit hinein in Europa erscheinen, diesem ägyptischen Ideal bis zu den Menschen von heute, die angezogen werden vom Leben vor und mit Gott allein, wovon die Portraits dieses Buches erzählten.

### *Wüstenväter des 20. Jahrhunderts*

Der evangelische Professor der Archäologie Dr. Otto F. Meinardus beschreibt in seinem 1983 erschienenen Buch „Die Wüstenväter des 20. Jahrhunderts" Begegnungen mit Mönchen und Einsiedlern der koptischen Kirche in Ägypten. Er erzählt von einem Aufblühen ihrer Frömmigkeit und einer Verjüngung des koptischen Mönchtums durch eine ständig wachsende Zahl von Eintritten junger Akademiker und Intellektueller. Die Beschreibung seiner Besuche bei einzelnen Eremiten lassen das Bild der Welt des 4. und 5. Jahrhunderts vor den Augen des Lesers entstehen.[37]

Die koptischen Wüstenväter des 20. Jahrhunderts leben in alten Felsenhöhlen mit Skorpionen, Flöhen und Wanzen[38] oder bewohnen kleine Lehmhäuschen im Klostergarten; die Wände mit einem Kreuz und arabischen Bibelsprüchen geschmückt.[39] Besonders eindrucksvoll ist seine Schilderung des abenteuerlichen Besuches bei den Einsiedlern von Wâdî Rayân. Die Männer leben in völliger Abgeschiedenheit in alten Höhlen, die schon Hunderte von Jahren vor ihnen von Eremiten bewohnt wurden. Sie erklären: Wir „kämpfen in der Wüste und in der Einöde, in Höhlen und in Zellen mit den

Dämonen und dem Teufel. In diesem Kampf sind wir die Erben der frühchristlichen Märtyrer. So ist an die Stelle des Blutzeugnisses ein lebenslanges, unblutiges Zeugentum getreten. Der Mönch, so sehen wir es, ist der lebendige Märtyrer, der durch sein Leben Zeugnis ablegt für die Wirklichkeit Gottes, für das Leben des Gekreuzigten und Auferstandenen".[40] Zum Teil ernähren sie sich von rohen Pflanzen und meiden jeglichen Kontakt mit Menschen. 1969 allerdings ziehen sie auf Anordnung des orientalischen Papstes Kyril VI. in das Makarius-Kloster in der sketischen Wüste.[41]

Bis heute finden sich in den Ländern des Nahen Ostens, in Ägypten und Syrien Menschen, die versuchen, wie Antonios der Große zu leben. Auch im Libanon, wo zurzeit die wohl einzige, offiziell anerkannte Eremitin des Landes in einer alten Einsiedelei im libanesischen Bergland lebt. Die charismatische Brigitte May allerdings ist auf Geheiß ihres Bischofs mit Handy und Laptop in Kontakt mit suchenden Menschen[42].

Eindrucksvolle Beispiele, aber sie lassen auch die Frage aufbrechen, inwieweit es darum geht oder gehen sollte, das äußere Leben des heiligen Antonios nachzuahmen oder das eigene, eremitische Leben zum Beispiel nach dem Vorbild der Rekluse Wilbirg (1232?–1289) oder dem eines Bruder Klaus (1417–1487) sozusagen 1:1 zu gestalten. Oder zu versuchen, im Deutschland des 3.Jahrtausends zu leben wie ein Athos-Mönch. Kann denn die äußere Lebensweise dieser Vorbilder aus Ägypten, Syrien, Palästina oder aus der grünen Waldwüste der mittelalterlichen Schweiz maßgeblich sein für einen deutschen Diözesaneremiten heute?

### *Ein kostbares Erbe*

Die uralten spirituellen und asketischen Begriffe der Theologie der Wüstenväter und -mütter sind ein überaus kostbares Erbe und in ihrer radikalen Hinordnung und der von Erfahrung gesättigten Sinnspitze für ein geistliches Leben unverzichtbar. Aber dieses Erbe muss für heute, für unsere Zeit verstanden, aufbereitet, umgesetzt und gelebt, gestaltet werden. Gelebt in einem Lebensraum, der sich fundamental vom Lebensraum eines Antonios, einer Wilbirg oder eines Bruder Klaus unterscheidet und auch vom Lebensraum der heute lebenden maronitischen und koptischen Eremiten. Und dessen zutiefst gewandelte gesellschaftliche, wirtschaftliche, politische, theologische und spirituelle Gegebenheiten nicht nur das Umfeld des Eremiten prägen, sondern auch ihn selbst von Geburt an beeinflussten und nachhaltig formten. So gilt auch für das neue eremitische Leben in Deutschland, was das Konzilsdokument „Perfectae caritatis" für die Ordensinstitute sagt: Eine zeitgemäße Erneuerung bedeute eine „... ständige Rückkehr zu den Quellen jedes christlichen Lebens und zum Geist des Ursprungs der einzelnen Institute, zugleich aber deren Anpassung an die veränderten Zeitverhältnisse ... Letzte Norm des Ordenslebens ist die im Evangelium dargelegte Nachfolge Christi. Sie hat allen Instituten als oberste Regel zu gelten."[43]

Es geht also nicht darum umzukehren zu einer Lebensform der Vergangenheit, sondern umzukehren zum lebendigen Gott auf einem ganz bestimmten Weg mit ganz bestimmten äußeren und inneren Koordinaten. Koordinaten, die nicht nur den notwendigen Rahmen abstecken, der das Leben in dieser forma vivendi in der Spur hält. Sondern die helfen, die dieser Lebensform innewohnende Antwort Gottes auf aktuelle Nöte der Zeit stärker heraus zu kristallisieren in einer zeichenhaften Existenz.

### *Ein biblischer Grundton*

Ein Leben des Gebetes und der Buße zu leben in schöpferischer Ausfaltung der Taufgnade durch das Leben in den evangelischen Räten und für den eigenen Unterhalt weitgehendst selbst zu sorgen ohne stützende Gemeinschaft: die Texte dieses Buches haben einen kurzen Blick auf einzelne Menschen gestattet, die heute in dieser Form als Eremit oder als Einsiedlerin leben. Einsamkeit, Schweigen, Stille, Gebet, der geistliche Kampf waren Begriffe, die ansatzweise versucht wurden zu deuten.

Ein Ausdruck der alten Wüstenväter und -mütter, der ihre innere Haltung und Frömmigkeit stark prägte, kam dabei zu kurz. Die Xeniteia, das Fremdsein, das für die Welt Gestorbensein, das tief innerliche Wissen um den Gaststatus des Menschen in der Welt.[44]

Ausgehend vom Grundwort xenos, was soviel heißt wie fremd, ausländisch, fremdartig oder Fremder, könnte Xeniteia übersetzt werden als ‚Fremdheit' oder als ‚Wanderung durch die Fremde'. Obwohl dieser Begriff als solcher in der griechischen Septuaginta nur in einer einzigen Perikope vorkommt (Weisheit 18,3)[45] durchzieht er die Texte der Heiligen Schrift wie ein leiser, schwermütiger Ton. Es deutet sich schon bei Abraham an, den Gott aus seinem Heimatland ausziehen heißt (Gen 12,1), und der dem Stammvater aller Glaubenden in einer Vision sagt, dass seine Nachkommen als Fremde in einem fremden Land wohnen müssen (Gen 14,13). Der Zug der Israeliten durch die Wüste im Buch Exodus (Ex 12 f), der mahnende Verweis darauf im Blick auf die Behandlung eines Fremden einige Kapitel später (Ex 22,9) und im Buch Levitikus (Lev 19, 33), und die dankbare Erinnerung, die im Opfer der Erstlingsfrüchte anklingt (Dtn 26,5) sind Hinweise im Pentateuch, in denen das Motiv der Xeniteia schon deutlich mitschwingt.

Ebenso klingt dieser biblische Grundton beim Propheten Jeremia an. Nach der Zerstörung des Königreiches und dem babylonischen Desaster ergeht an das Volk Israel die Verheißung, dass Gott es heimruft aus den Ländern der Verbannung. Seit Generationen leben sie unter der harten Hand der

Eroberer unfrei und gedemütigt. Jeremia spricht inmitten der Verzweiflung und der Not Worte des Heils und kündigt einen neuen Bund an. Dieser Bund wird nicht nur die unverbrüchliche Liebe Gottes in unbegreiflich neuer Form zeigen, sondern deutlich auf ein ewiges, unvergängliches Heil verweisen, auf ein ewiges ‚gelobtes Land', eine endgültige Heimat. (Jer 31,8.31–34).

### *Der Grundton wird zur Melodie*

Auch die Verfasser der neutestamentlichen Schriften weisen nachdrücklich darauf hin: Mensch-Sein heißt sich auf einem Weg zu befinden. Heißt, in der Fremde zu wandern hin zum gelobten Land. Der leise schwermütige Ton der Xeniteia, der im Alten Testament immer irgendwie mit schwang, verstärkt sich nun zur drängenden und zugleich jubelnden Melodie. Ausgehend von der Botschaft Jesu, die sich in seinem Leben und durch seinen Tod und seine Auferstehung als absolut gültige Wahrheit zeigte, mahnen, ja beschwören einige der Verfasser ihre Hörer und Leser geradezu, das Irdische nicht als Endstation zu begreifen.

Vor allem der Evangelist Johannes betrachtet immer wieder das Leben und die Botschaft Jesu unter diesem Aspekt: „Wer aber sein Leben in dieser Welt geringachtet, wird es bewahren bis ins ewige Leben." (12,25) Und in den großen theologischen Meditationen über den Tod Jesu und über seinen Weggang aus der Welt im 14., 16. und 17.Kapitel wird es immer wieder gesagt: Jesus geht voraus und wir werden ihm folgen. „Wenn ich gegangen bin und einen Platz für euch vorbereitet habe, komme ich wieder und werde euch zu mir holen, damit auch ihr dort seid wo ich bin." (14,3) „Doch ich sage euch die Wahrheit: Es ist gut für euch, wenn ich fortgehe. Denn wenn ich nicht fortgehe, wird der Beistand nicht zu euch kommen; gehe ich aber, so werde ich ihn zu euch senden.“ (16,7) „Vom Vater bin ich ausgegangen und in die Welt gekommen; ich verlasse die Welt wieder und gehe zum Vater.“ (16,28). Die Jünger Jesu werden erkannt daran, dass ihre Heimat nicht das Irdische, nicht die Welt ist. „Sie sind nicht von der Welt, wie auch ich nicht von der Welt bin.“ (17,16)

### *Fremde und Gäste*

Auch in der Briefliteratur des NT findet sich diese von Hoffnung durchstrahlte Melodie der Xeniteia. Schon in seinem ersten Brief an die Diasporagemeinde in Thessalonich versucht Paulus die Adressaten zu stärken und ihnen Mut zu machen, die irdische Zeit auf dem Weg zum Heil als Durchgang zu sehen (vgl. 1 Thess 4,13) Und im Epheserbrief mahnt er seine Leser sich daran zu erinnern, dass sie jetzt nicht mehr irdische Fremde ohne Bürgerrecht seien, sondern Mitbürger der Heiligen und Hausgenossen Gottes.“ (Eph 2,19). Wer aber zum Himmel gehört, für den ist die Erde nur eine Station auf dem Weg. Der 2. Korintherbrief betont es ausdrücklich: „Wir wissen: Wenn unser irdisches Zelt abgebrochen wird, dann haben wir eine Wohnung von Gott, ein nicht von Menschenhand errichtetes ewiges Haus im Himmel.“ (2 Kor 5,1) ... „Wir sind also immer zuversichtlich, auch wenn wir wissen, daß wir fern vom Herrn in der Fremde leben, solange wir in diesem Leib zu Hause sind; denn als Glaubende gehen wir unseren Weg, nicht als Schauende. Weil wir aber zuversichtlich sind, ziehen wir es vor, aus dem Leib auszuwandern und daheim beim Herrn zu sein. Deswegen suchen wir unsere Ehre darin, ihm zu gefallen, ob wir daheim oder in der Fremde sind.“ (2 Kor 5,6–9)

Auch der Verfasser des 1.Petrusbriefes, der mit der Autorität des Apostelfürsten spricht, bezeichnet die Christen unmissverständlich als „Fremde und Gäste in dieser Welt“ (1 Petr 2,11).

## „Offenkundig das Maß"

Die ersten Einsiedler interpretierten das Wort der Schrift zumeist wörtlich oder in einem übertragenen Sinn. Da die wenigsten Bücher besaßen – was auch nicht gern gesehen wurde – erzählten sie einzelne Perikopen, Jesusworte oder Psalmen weiter, lernten sie auswendig und meditierten sie. So ist heute bekannt, dass der große Antonios „zeitweilig aller Kraft zum Gebet beraubt und sich seiner völligen Unwissenheit der göttlichen Geheimnisse und der Heiligen Schrift bewußt war ..."[46]

Der biblische Begriff der Xeniteia bekam dadurch manchmal einen heute schwer verständlichen Akzent. Die Apophthegmata patrum zeigen allerdings, dass die Väter und Mütter der Wüste durch ihre radikale Lebensweise und der damit verbundenen eigenen Erfahrung diese innere Haltung eher klug umsetzten, mit einem großen, barmherzigen Gespür für die Schwächen und Anfälligkeiten der Menschen. Ihr Rigorismus demonstriert – mit Konsequenz und Erbarmen – dieses Wissen.

So verweigert Altvater Daniel die Annahme eines Testaments mit den Worten: „Ich bin schon vor jenem gestorben und er ist eben erst gestorben."[47]

Ebenso berichtet Abbas Kassian von einem Mönch, dem mitgeteilt wird, dass sein Vater im Sterben läge. Der Mönch habe darauf geantwortet: „Ich bin vor ihm für die Welt gestorben. Ein Toter kann nicht einen Lebenden beerben."[48]

Und der Rat eines Altvaters an einen Bruder mahnt auch die heutigen Leser nachdrücklich, den Blick nicht auf das Vergängliche zu richten: „Vergegenwärtige dir alle Tage deinen Tod als nahe und kümmere dich um nichts in der Welt gleich als lägest du schon lang im Grabe."[49]

Wie sehr die Vorbilder aus den ersten Jahrhunderten bei aller Radikalität sensibel waren für die feinen Unterschiede, zeigt ein Wort der großen Amma (was man mit Mutter übersetzen könnte) Synkletika: „Es gibt eine überspannte Askese die vom Feind ist. (...) Wie nun unterscheiden wir die göttliche, die königliche Askese von der tyrannischen, dämonischen? Offenkundig durch das Maß ...“[50]

In anderen Schriften begegnet aber auch ein Bild, dass eher nicht vom Maß, sondern von einer dem Leib und somit der Schöpfung feindlichen Einstellung Zeugnis gibt. Das auf altsyrisch verfasste ‚Lob der Einsiedler von Mesopotamien‘ des heiligen Ephräm des Syrers beschreibt es so: „Kommt, lasst uns diese Stätten schauen in denen sie hausen wie die Toten im Grab. Kommt, lasst uns ihren Leib schauen und bedenkt, dass sie ihn nur mit ihrem Haar bekleidet und geschmückt haben. Seht ihr Getränk, das immer mit Tränen vermischt ist. Seht ihren Tisch, immer mit wilden Kräutern gedeckt ...“[51] Der Tisch, der mit wilden Kräutern gedeckt ist, bedeutet hier: die Einsiedler dieses Landstriches ernährten sich fast ausschließlich von Gras und Kräutern, weshalb sie auch ‚die Weidenden‘ genannt wurden.

## *Wir sind nur Gast auf Erden*

Seit Herbst 2005 leuchtet ein farbiger Spruch am Felix-Nussbaum-Haus in Osnabrück. Das Museumsgebäude, entworfen vom jüdischen Architekten Daniel Libeskind, besitzt die weltweit größte Sammlung mit Werken des jüdischen Malers Felix Nussbaum. Die ausdrucksstarken Gebäudeteile mit ihrer verstörenden Innengestaltung symbolisieren die zunehmende Heimatlosigkeit und Ungeborgenheit des in Osnabrück geborenen und in Auschwitz ermordeten Künstlers.

„Ich bin ein Weltbürger, überall zu Hause und fremd überall.“ Die Außeninstallation der belgischen Künstlerin Marie-Jo Lafontaine, die damit Erasmus von Rotterdam zitiert, bringt nicht nur das Lebensgefühl des jüdischen Malers ins Bild. Der Spruch greift auch die unterschwellige Unruhe vieler Menschen heute auf, deren innere Orientierungslosigkeit und Leere, dieses Nichtwissen um das Woher und Wohin, sich nur selten klar im Bewusstsein artikuliert. Eher drückt sich diese grundlegende Stimmung – eine „Xeniteia ohne Hoffnung auf Heimat“ – des modernen Menschen in hektischer Mobilität aus, in einem manchmal besinnungslosen Konsum und in ängstlichen Ausweichmanövern vor der Stille und vor dem Alleinsein. Eine tiefe Heimatlosigkeit, die flüchtig von außen betrachtet der Xeniteia der Frühen Kirche ähnelt, kann auch in christlichen Gemeinden und Gemeinschaften, bei Hauptamtlichen und engagierten Laien angetroffen werden. Vor allem in der von einem fundamentalen Umbruch betroffenen Kirche in Westeuropa ist oft statt des neutestamentlichen, zutiefst frohen Ausblickes auf die ewige Heimat, Resignation, Besitzstandsdenken und manchmal sogar eine schlicht auf Angst basierende Abschottung zu spüren. „‚Wir sind nur Gast auf Erden‘ – das Lied gilt nicht nur für uns als einzelne; wir singen es vielleicht zu oft beim Requiem und zu wenig am Kirchweihfest ... Paroikia, das Wort, das einmal die prinzipielle Unbehaustheit der christlichen Gemeinde in der Welt bezeichnet hat, ist über das lateinische Wort Parochia in das deutsche Wort Pfarrei eingegangen und zum Inbegriff der Stabilität, der Ordnung und der Abgrenzung gegenüber Fremden geworden ...[52] Die Texte des II. Vatikanums scheinen hier nicht bis an die Basis der Kirche gedrungen zu sein, denn die Konzilsväter betonen ausdrücklich: „Solange aber die Kirche hier auf Erden in Pilgerschaft fern vom Herrn lebt (vgl. 2 Kor 5,6), weiß sie sich in der Fremde, so daß sie sucht und sinnt nach dem, was oben ist, wo Christus zur Rechten des Vaters sitzt, wo das Leben der Kirche mit Christus in Gott verborgen ist, bis sie mit ihrem Bräutigam vereint in Herrlichkeit erscheint (vgl. Kol 3,1–4).“[53]

Es sich behaglich einrichten, rundum absichern, festmachen: der Versuchung, den Blick auf die ewige Heimat in das letzte Stündlein zu verlegen, sind an vielen Orten viele Christen längst erlegen. Dauerhaft.

## Eine zeichenhafte Existenz

Die diözesaneremitische Lebensweise ist nicht die Hinkehr zu einer geistlichen Lebensform der Vergangenheit. Die alten asketischen und spirituellen Begriffe der Wüstenväter und -mütter sind als kostbares Erbe der Mutterboden, auf dem die heutige Gestalt eremitischen Lebens im Deutschland des 3.Jahrtausends wachsen muss. Die Xeniteia gibt dabei den Grundton an, auf dem sich Einsamkeit, Schweigen, Gebet, Buße und die notwendige Arbeit als ein harmonischer Akkord aufbauen. Ein Akkord, der Ausdruck und Hilfe ist, das Zeichenhafte dieser Existenz zu leben.

### *Xeniteia und Armut: Leben ohne Netz und doppelten Boden*

Diözesaneremiten müssen für ihren Lebensunterhalt selber sorgen. Der manchmal sehr schwierige Spagat zwischen Kontemplation in Zurückgezogenheit und den Anforderungen des „Brotberufes" gehört dabei mit zu der diese Lebensform konstituierenden Askese und gleicht oft einem Seiltanz.

Diesem Anspruch gerecht zu werden, dazu bedarf es neben der echten Berufung einer großen Ausdauer, die oft unterschätzt wird von Ordenschristen, die ein Leben nach c. 603 CIC ersehnen.

Die Bandbreite an möglichen Tätigkeiten ist groß. Wer als Küster oder Pfarrhaushälterin arbeiten kann, hat eine finanziell wenigstens halbwegs abgestützte Existenz. Wesentlich schwieriger sind die sogenannten 400-Euro-Jobs, deren Lohn selten ausreicht, um die Kosten wie Miete, Strom und Wasser – selbst bei sparsamster Nutzung – zu bestreiten. Die Spur ist schmal zwischen der freiwillig gewählten Armut als Nachfolge des armen Jesus in ihren vielen spirituellen, transzendenten und sozialen Bezügen und einer zahlungsunfähigen und somit die Berufung gefährdenden Situation. Denn eine finanzielle Verpflichtung von Seiten des jeweiligen Diözesanbischofs besteht nicht!

Auch bei den freien Berufen – deutsche Eremitinnen leben zurzeit zum Beispiel als Übersetzerin, freie Lektorin oder Autorin – und auch bei Heimarbeit ist die Balance schwierig zwischen einer Arbeit mit ausreichendem Lohn und der Zeit für Gebet und Meditation in Zurückgezogenheit. Sorgfältige Auswahl ist im wirtschaftlich schwachen Deutschland meist nicht möglich. So ist ein Job als Hilfskraft in einem Altenheim regional leicht zu bekommen, die Sammlung allerdings dort schwer zu halten, wenn neben der anstrengenden Arbeit es in Gängen und Zimmern dieses Altenheims permanent von der „Schönen blauen Donau" hallt. Doch die Notwendigkeit, den Lebensunterhalt selbst zu verdienen, ist ein wesentliches Mosaiksteinchen in dem Bemühen, sich dem Gott, der in die Wüste gerufen hat, zu stellen. Es ist ein Ausgesetzt-Sein mitten in die Notwendigkeiten eines Lebens in Deutschland heute und dem Willen, ihm in der Stille der Einsamkeit allein zu gehören.

### *Xeniteia und Einsamkeit: Wandern zwischen geheimnisvollen Feuern*

Die Zurückgezogenheit der Diözesaneremiten als Mittel und Ausdruck der Suche nach Gemeinschaft mit Gott hat normalerweise nicht den Charakter einer süßen Zweisamkeit. Eremiten sind keine „‚beati possidentes', (...) selig und problemlos Gott Besitzende (...), die uns übrigen, Gott in Armut und Dunkelheit suchenden Menschen wie Wesen von einem anderen Planeten herüberleuchten."[54] Diese Einsamkeit hat eine andere Farbe als die Einsamkeit der Ordenseremiten. Die Erfahrungen der Arbeitswelt, die gerade im Niedriglohnsektor von oft unmenschlicher und brutaler Härte geprägt sind, helfen Diözesaneremiten, den geistlichen Kampf um Glauben und Lebensform zu erden und seine Frucht durch das stellvertretende Gebet und die liebevolle Fürbitte gerade denen zuzuwenden, die im Lebenskampf unterliegen oder den Glauben als Hindernis ihres harten Alltags ansehen und abschütteln.

Auf diesem Hintergrund öffnet das immer wieder ins Gedächtnis zurück gerufene und täglich neu zu lebende Wissen um den Gaststatus des Menschen Kanäle, die in die Tiefe der menschlichen Existenz führen, einer Wanderung zwischen geheimnisvollen Feuern gleich, der sich der normale Mensch verweigert.[55]

### *Xeniteia und Gebet: Ausstrecken nach dem Einzigen, der Heimat geben kann.*

Im Gebet setzt sich der Eremit Gott aus und antwortet mit seinem ganzen Leben dem, der ihn in jeder Minute seines Lebens ruft. Die dabei erfahrene, auf dem Grund jedes menschlichen Herzens lebende, drängende, ja manchmal verzehrende und glühende Sehnsucht nach Geborgenheit, nach erfülltem, heilem und ewig geglücktem Leben ist Zeichen, ja leise machtvolles Wirken des den Menschen suchenden Gottes. Diese Sehnsucht nicht nur wahrzunehmen und sie ins anbetende Wort zu bringen, sondern sie in der brennenden Schärfe der irdischen Unstillbarkeit auszuhalten, gehört mit zu den ureigensten Aufgaben eremitischen Lebens. Und in dieses permanente sehnsüchtige Ausstrecken nach Gott und der Gemeinschaft mit ihm alle Schwestern und Brüder der Menschheitsfamilie mit hinein zu nehmen in unbeirrbarer Hoffnung ist ein Dienst an den Menschen, der in dem heute so schmerzhaft erfahrenen Umbruch hilft, Brunnen der Gnade zu öffnen. Das Gebet in der Stille der Einsamkeit, im einsamen Stehen vor dem unbegreiflich großen Gott ist Ausdruck der Sehnsucht nach ewiger Heimat, in die jeder Mensch gerufen ist.

## Originale, keine Kopien

Ein Blick auf Menschen, deren Leben vielfach als exotisch und romantisch gilt oder mit einem Glorienschein a priori ausgestattet wird – die Texte des vorliegenden Buches versuchen in sehr unterschiedlicher Weise eremitisches Leben darzustellen. Umfassend ist das Bild nicht, viele Schattierungen fehlen. Müssen fehlen, denn die Palette dieser Lebensform besteht aus so vielen Farben, wie es Eremiten, Einsiedlerinnen und Klausner gibt. Auch beantwortet das Buch viele Fragen nicht, die in letzter Zeit aufgebrochen sind. Die Notwendigkeit einer betenden Auseinandersetzung und ein der Lebensform angemessener Austausch unter Brüdern und Schwestern auf dem eremitischen Weg besteht nach wie vor; die Kontur der diözesaneremitischen Lebensweise muss noch klarer und schärfer werden. Sicher ist aber schon eines: Menschen in dieser Form der Nachfolge verweigern sich der gängigen Weltanschauung. In ihrem einfachen, oft kargen und ungesicherten Leben proben sie das Mensch-Sein pur. Sie versuchen nicht nur die Fassaden zu durchschauen, sondern ganz auf sie zu verzichten. Und das nicht nur in materieller Hinsicht. Alles lassen, alles abgeben, alles abgeschmirgelt bekommen, was das menschliche Antlitz zur Maske verunstaltet, aus dem Original eine Kopie macht. Möglich ist dies nur in radikalem Verzicht und in einer Haltung, die Gott allein alles zutraut – ein bedingungsloses Vertrauen, das durchgehalten werden will in Trockenheit und geistlicher Dürre, in den Schwierigkeiten, Kontemplation und Brotberuf zu verbinden, im Kampf mit den scheinbar unbesiegbaren störenden Gedanken, in demütiger Annahme der Schwächen, die in der Einsamkeit der Klause manchmal wie Dämonenfratzen um den Eremiten herum tanzen. Ein Vertrauen, das auch gespeist wird aus der sicheren Hoffnung, dass der, der in diese Lebensform berufen hat, alle Schwierigkeiten und Kämpfe kennt und seine liebevolle Hilfe nie versagen wird.

Bewundert werden aber wollen sie nicht. Um Gottes Willen nicht! Keine der Eremitinnen und keiner der Einsiedler, die für die Texte befragt und besucht wurden, hielt sich für einen Ausnahme-Christen oder gar für den Supermönch. Eremit sein ist einer der vielen Spiegelsplitter, die erst zusammen das Bild des vollkommenen Christus, das Bild der Kirche zeigen.

Eremiten legen durch ihr stilles Zeugnis den Finger in die Wunde der gestörten Gottesbeziehung, die Gott nur „da" sein lässt, wenn er in Tagesablauf und Lebensentwurf nicht in die Quere kommt. Und sie sind als lebendiges Zeichen Mahnung und Hinweis darauf, dass Gott der Einzige ist, der alle Sehnsucht nach Heimat ewig stillt.

Thomas Merton notierte am 7. November 1968, weniger Wochen vor seinem Tod in seinem Reisetagebuch: „Das kontemplative Leben muß einen Raum vorsehen, einen Freiraum, Stille, in der neue Möglichkeiten auftauchen können und neue Entscheidungen – neben den Routineentscheidungen – manifest werden. Das sollte ein neues Zeiterlebnis schaffen, nicht als Unterbrechung, Stillstand, sondern als ‚temps vierge' – nicht als eine freie Fläche, die gefüllt werden muß oder ein unberührtes Land, das erobert und verletzt werden soll, sondern ein Raum, der sich seiner eigenen Möglichkeiten und Hoffnungen erfreuen kann – und seines Für-sich-selbst-Daseins."[56]

Temps vierge, jungfräuliche Zeit, Zeit, sich Gott auszusetzen ohne sogleich „Nutzen" daraus zu ziehen. Zeit, sich Gott auszuliefern und anheimzustellen, ohne ihm das Ergebnis von vorneherein vorzuschreiben. Zeit, sich auf den Weg einzulassen, Gott so zu erfahren, wie ER sich erfahren lassen will. Zeit, die Angst vor diesem Gott zu verlieren und das neue Vertrauen, die neuen Wege, die neue Gestalt der Kirche geschenkt zu bekommen.

Eremiten sind keine Exoten oder fromme Abenteurer. Sie sind Menschen, die ähnliche Probleme haben können wie andere Menschen auch. Aber sie lassen sich radikal und konsequent, bewusst und freiwillig auf dieses ihr Mensch-Sein ein mit allen möglichen Konsequenzen und stellen sich so vor das Antlitz des lebendigen Gottes. Der Einsiedler ist kein Anachronismus, sondern eher ein Prototyp des Menschen. Prototyp eines Geschöpfes, das sich seinem Schöpfer vertrauensvoll ausliefert und darin bedingungslose Annahme und Liebe erfährt über alle Welt und Zeit hinaus.

# Gewachsen aus einer Spiritualität von unten[57]

## *Der Eremitencanon und seine Entwicklung*

*Von Marianne Schlosser*

Eine der kleinen, aber bedeutsamen Neuerungen des kirchlichen Rechtsbuches, des Codex Iuris Canonici (CIC) von 1983, besteht in der ausdrücklichen Anerkennung des eremitischen Lebens als einer Form des gottgeweihten Lebens (vita consecrata).

Im Anschluss an die Bestimmungen über die „Institute des geweihten Lebens“, also Orden und Säkularinstitute, werden in c. 603 und 604 zwei Formen nicht-gemeinschaftlichen Lebens genannt: die Eremiten und die gottgeweihten Jungfrauen (virgines consecratae). Bei beiden handelt es sich nicht um „neue Formen“ des Lebens nach den evangelischen Räten, sondern um die ältesten Formen überhaupt.

Während der alte CIC von 1917 für das „gottgeweihte Leben“, als kirchenrechtlich anerkanntem Stand, wesentlich die Zugehörigkeit zu einer Gemeinschaft forderte (can. 487), in der nach anerkannter Regel und unter Leitung des jeweiligen Oberen die evangelischen Räte gelebt würden, erkennt das neue Kirchenrecht auch Formen an, die von Einzelnen unter der Verantwortung des Diözesanbischofs gelebt werden.

Im folgenden geht es also um die Lebensform, welche sich auf den c. 603 beruft:

„1: Außer den Instituten des geweihten Lebens anerkennt die Kirche auch das eremitische oder anachoretische Leben, in dem Gläubige durch strengere Trennung von der Welt, in der Stille der Einsamkeit, durch anhaltendes Gebet und Buße ihr Leben dem Lob Gottes und dem Heil der Welt weihen.

2: Als im geweihten Leben Gott hingegeben wird der Eremit vom Recht anerkannt, wenn er, bekräftigt durch ein Gelübde oder durch eine andere heilige Bindung, sich auf die drei evangelischen Räte öffentlich in die Hand des Diözesanbischofs verpflichtet hat und unter seiner Leitung die ihm eigentümliche Lebensweise wahrt."

### *Wie kam es zum „Eremiten-Canon"?*

Mit der Einfügung dieses Canons ins Ordensrecht trug man einer Entwicklung „an der Basis" Rechnung: Der c. 603 wurde nicht als Theorie am grünen Tisch gemacht, sondern ist eine Reaktion auf das in den Jahren nach dem II. Weltkrieg in verschiedenen Gegenden der Weltkirche neu aufblühende eremitische Leben. Angesichts dieser Entwicklung kam es nicht von ungefähr, dass das Thema „Eremiten" schon während des II. Vatikanischen Konzils hier und da angesprochen wurde.

In der Phase der Vorbereitung auf das Konzil hatte die für das Ordensleben zuständige Kongregation (Religiosenkongregation) ausdrücklich festgestellt: „Das eremitische Leben ist des Lobes würdig, und man soll mit Eifer daran festhalten." Erwähnt werden in diesem Zusammenhang die anachoretischen Orden (Kartäuser und Kamaldulenser), sowie das eremitische Leben in der besonderen Form der Abhängigkeit von einem Monasterium oder einer Gemeinschaft. Noch konnte man sich einen kirchenrechtlich anerkannten Stand des „gottgeweihten Lebens" nur im Zusammenhang mit einer Kommunität vorstellen.

Demgegenüber regten Bischöfe während des Konzils an, dieser uralten Form der Nachfolge Christi, welche die Keimzelle des Religiosenlebens überhaupt gewesen sei, wieder einen kirchenrechlichen Stand zuzugestehen. Bischof Petrus Veuillot von Angers, Bischof Roo von Vancouver und Bischof Alfred Couderc von Viviers sprachen von ihrer Erfahrung mit der zunehmenden Zahl eremitischer Berufungen. Letzterer berichtete, dass die zum eremitischen Leben Berufenen selbst den Wunsch nach „Prinzipien“ ihres Lebens hätten – was gewiss nicht uninteressant für das Verhältnis von Spiritualität und Recht ist: „Sie wünschen sich sehr, dass die Kirche sich als Mutter zeige, indem sie aus ihrer Weisheit und Erfahrung eine Hilfestellung leiste und vor allem Priester darauf vorbereite, hier kenntnisreiche geistliche Begleiter zu sein. Die Eremiten selbst und ihre Seelsorger, aber auch die Bischöfe, haben den großen Wunsch, dass das Konzil sich mit dieser Frage befasse und die Sache nicht ohne Lösung lasse.“ Der Bischof von Viviers forderte bereits die Erstellung von Leitlinien für alle Bischöfe.

Einen gewissen Widerhall dieser Stimmen kann man in den Dokumenten des Konzils hören, wo mit Hochschätzung vom „einsamen Leben“ (vita solitaria) gesprochen wird: z. B. im Dekret über die zeitgemäße Erneuerung des Ordenslebens (1b) und in der Dogmatischen Konstitution über die Kirche (43a). In der Arbeit am neuen CIC jedoch wurden diese Anregungen in vielleicht überraschender Weise aufgenommen.

Die Entwicklung kann hier nur in einigen Strichen nachgezeichnet werden. Dem ersten Entwurf (Schema) von 1966 zufolge umfasste der Eremiten-Kanon nur einen einzigen Abschnitt. Er entsprach in etwa dem § 1 des heutigen Canon, in dem es um den inneren Gehalt des eremitischen Lebens geht: Mit dem Namen Eremit wird ein Religiose bezeichnet, der sein Leben „in vollständiger Einsamkeit (vitam complete solitariam – ein schwer zu übersetzender Ausdruck), in Stille und Schweigen, anhaltendem Gebet, Lesung, Arbeit und Buße“ führt und in dieser „verborgenen apostolischen Fruchtbarkeit die Kirche reich macht“.

Beim Schema 1973/77 finden wir bereits die Teilung in zwei Absätze. Der erste entspricht ganz dem heutigen § 1. Im Absatz 2 wird bestimmt, wann der Eremit als „Religiose“ gilt. Erste Voraussetzung ist die Profess der drei evangelischen Räte: Armut, Keuschheit und Gehorsam. Zwar ist noch nicht von einem Gelübde in die Hände des Ortsbischofs die Rede, wohl aber von der Möglichkeit, dass der Eremit seiner persönlichen Lebensform und Regel entweder unter Leitung des Ortsordinarius (d. h. in der Regel des Diözesanbischofs) oder eines zuständigen „Moderators" aus einer Ordensgemeinschaft folgen könne.

1979 erscheint der „zuständige Obere" (competens Superior) – bezüglich Gelübde und Leitung – nur noch als zweite Möglichkeit in Klammern gesetzt; das Schwergewicht hat sich eindeutig auf den Diözesanbischof verlagert. Anstelle des „Gelübdes" kann auch „eine andere heilige Bindung" treten. Das Schema 1980 schließlich zeigt bereits – bis auf sprachliche Feinheiten – die Gestalt des heutigen Textes. Der Bischof ist die einzige genannte Autorität. Das Schema von 1982 schließlich entspricht dem c. 603 CIC/1983 völlig.

### *Interpretation des Canon 603*

Die Struktur ist ein Beispiel für die Verbindung von Spiritualität und rechtlicher Einbindung des eremitischen Lebens. In § 1 geht es um das, was den Eremiten religiös ausmacht, in § 2 um die kirchenrechtliche Anerkennung. Es kann also jemand das eremitische Ideal dem Wesen nach leben, ohne dass damit ein rechtlicher Status verbunden ist. Das ist z. B. dann der Fall, wenn die drei evangelischen Räte nicht öffentlich gelobt werden (vgl. Katechismus der Katholischen Kirche, Nr. 920).

### *Die Kennzeichen eremitischer Spiritualität (§ 1)*

#### *„Strengere Trennung von der Welt"*

Dies ist vielleicht schon der schwierigste Punkt. Was ist mit dieser „Trennung" gemeint? Es gibt Eremiten, die in einem

Dorf leben, Nachbarn haben, eine Kirche betreuen, Kinder unterrichten (übrigens eine alte Tradition bei Eremiten); ja – es ist auch eremitisches Leben in der Stadt denkbar. Was also ist „Welt"? Und was bedeutet der Komparativ der „strengeren Trennung"?

Sicher ist nicht die Abweisung aller menschlichen Kontakte gemeint. Die „strengere Trennung von der Welt" könnte man als „größere Einsamkeit im Vergleich zum Monasterium", ja zu jeder Form des Ordenslebens verstehen; denn selbst in einer Kartause leben ja mehrere Mitglieder das gleiche Leben. Dadurch ist ein gewisser Halt und Festigkeit des religiösen Lebens gegeben. Auch ist eine einzelne Person wohl weniger in ökonomische Notwendigkeiten und Verantwortlichkeiten eingebunden als eine große Gemeinschaft. Freilich hat umgekehrt gerade der auf sich gestellte Eremit für alle Belange Sorge zu tragen. Aber er ist freier und allein verantwortlich, wie viel Zeit und seelische Kraft er dem widmet.

Gewiss steht die „Trennung von der Welt" im Zusammenhang mit dem Rat der Armut. Doch mir scheint, dass die angesprochene „Trennung" in erster Linie eine innere Trennung meint; sie nimmt jenes „Fremdsein in der Welt" auf, das für die Wüstenväter wie für die Wander-Eremiten des frühen Mittelalters zum leitenden Motiv ihrer Spiritualität wurde. Dieses „Gast-Sein" in der Welt oder – wie es die Altväter drastisch formulierten – das „Gestorben-Sein" beinhaltet eine klare Entscheidung für die Vorrangigkeit des Gebetes vor der aktiven Weltgestaltung, des Seins im Angesichte Gottes vor der Bestätigung durch menschliche Anerkennung. Dieses innere Arm-Werden durchzuhalten, ist ein lebenslanger Weg für den Eremiten, den er bewusst auf sich nimmt. Während die Lebensform des Klosters den Mönch bzw. das Mitglied durch die jeweilige Grenzziehung zur „Welt" (d. h. Besitz, Verwandtschaft, Stellung in der Gesellschaft, gesellschaftlich geltende Konventionen) schützt, muss der Eremit mit großer Wachsamkeit sich selbst schützen, um seiner Berufung treu zu bleiben. Das Maß und die Art der Trennung von der Welt wird sich letztlich aus der persönlichen Berufung des Eremiten herauskristallisieren – wie es auch die Geschichte des eremitischen Lebens zeigt.

### *„In der Stille der Einsamkeit" oder: „Im Schweigen der Einsamkeit"*

Wenn man genau hinsieht, stehen „Schweigen" und „Einsamkeit" nicht nebeneinander wie zwei typische Ausdrucksformen eremitischer Askese, sondern sind miteinander verbunden. Das Schweigen des Herzens und des Mundes ist das erste. Nicht in erster Linie die räumliche Einsamkeit verschafft uns Stille, sondern die „Eingezogenheit" der Sinne, die Sammlung des Herzens. Schweigen ist mehr als „Nicht-Reden" und Einsamkeit mehr als Abgeschiedenheit. Es schweigt, wer mit dem spricht, der in der Einsamkeit des Herzens wohnt – Gott, der dort zu finden ist, wo keines Menschen Wort hinreicht.

### *„Anhaltendes Gebet und Buße"*

Das heißt zunächst, dass das Gebet die Hauptbeschäftigung des Eremiten ist. Das Einsiedlerleben erlaubt ein kontinuierliches und freieres Beten als das Leben in Gemeinschaft. Die kirchenrechtlichen Kommentare legen daher keinen so starken Akzent auf das Stundengebet, da dieses eine Pflicht der Gemeinschaft sei. Meines Erachtens jedoch bindet das Stundengebet den Eremiten in die Gebetsbewegung der Kirche ein und verbindet ihn mit den Brüdern und Schwestern auf besonders tiefe Weise. Zum Gebetsleben gehören selbstverständlich auch die geistliche Lesung und die Betrachtung.

Schwieriger wird es mit dem Begriff der „Buße", die seit alters ein wesentliches Element der eremitischen Spiritualität bildet. Nach dem biblischen Sprachgebrauch ist der Begriff der „Buße“ engstens mit dem der „Umkehr“ verknüpft. Man könnte vielleicht die „Buß-Gesinnung“ zunächst als „passive Askese“ umschreiben: Gott an sich arbeiten zu lassen, in geistiger Wachsamkeit und Tapferkeit, im Ausharren. Zur „Buße“ gehört aber auch – wie zum Gebet – der Gedanke der „Solidarität im Heil“: Was ein Glied der Kirche in der Verbundenheit mit Christus wirkt oder erträgt, wird auf geheimnisvolle Weise den übrigen zuteil. Sicherlich prägt die Gesinnung der Buße einen einfachen Lebensstil aus, ohne Überflüssiges, ohne Bequemlichkeit. Sie lässt aber auch die Dankbarkeit und Freude im Gebrauch der irdischen Güter wachsen; denn der so Gesinnte ist davon abgekommen, sie als „Anspruch“ aufzufassen. Wer neben einem hauptsächlich dem Gebet geweihten Leben für seinen Lebensunterhalt arbeitet, legt sich allein dadurch schon ein gewisses Maß an Strenge auf. Aus der Tradition der Kirche kann man Fasten oder nächtliches Gebet als Anregung nehmen.

*„Leben zum Lob Gottes und zum Heil der Welt“*

Hier werden die zwei Richtungen der einen göttlichen Liebe (caritas) zum Ausdruck gebracht: zu Gott und zum Nächsten. Das Lob Gottes nicht verstummen zu lassen, ist Ausdruck der Dankbarkeit der Gesamtheit der Kirche. Der Eremit wie der Mönch bringen Gott auch stellvertretend für die Vielen die Anbetung: „die Frucht der Lippen, die ihn preisen“.

Wahre Gottesliebe ist immer Nächstenliebe; denn wer Gott liebt, liebt Gottes Willen und vereint sich mit ihm. Gottes Wille aber ist, dass alle gerettet werden (1 Tim 2,4). Dafür betet und wacht, kämpft und leidet der Eremit – wie Jesus in den Nächten, als er nicht predigte oder Kranke heilte.

### *Die kirchenrechtliche Anerkennung (§ 2)*

In § 2 werden die Bedingungen für die kirchenrechtliche Anerkennung genannt – und dies ist das eigentlich Neue:

- Gelübde oder andere heilige Bindung als Verpflichtung auf
- die drei evangelischen Räte
- öffentlicher Akt: Versprechen in die Hand des Diözesanbischofs
- Wahrung der spezifisch eremitischen Lebensform/-Regel unter Leitung des Bischofs.

*„Gelübde"*

Ein Gelübde im strikten Verständnis hat die Form: „Ich verspreche Gott (um Gottes willen) ..." Neben dieser Form ist auch ein „Versprechen" möglich: „Ich verspreche vor Gott ...", oder eine öffentliche Erklärung (propositum sanctum): „Ich bin entschlossen ..." Das Gelübde wird vom Diözesanbischof entgegengenommen, der damit auch eine gewisse Verantwortung übernimmt.

*„Evangelische Räte"*

Im Gelübde muss nicht der ganze Inhalt der evangelischen Räte ausgesprochen sein. Die Spezifizierung ist Sache der dem Eremiten eigenen Lebensform, d. h. seiner Regel. Während die Armut eines in Gemeinschaft lebenden Bruders oder einer Schwester in der Abhängigkeit von den Oberen/Kommunität beim Gebrauch der Güter besteht, ist der Eremit „arm", insofern er der materiellen Sicherheit in höherem Maße entbehrt.

Selbstverständlich ist der Eremit nicht „einer, der nicht gehorchen braucht". Er ist erstens dem Bischof zu Gehorsam verpflichtet, der ihm durchaus in wichtigen Dingen Vorschriften machen kann; zweitens gehorcht der Eremit seiner Lebensregel – ähnlich wie ein Oberer, der keinem andern Menschen Gehorsam schuldet, doch der Regel der Gemeinschaft gehorchen muss.

*„Lebensform"*

Darunter ist sowohl die Lebensweise des Eremiten zu verstehen als auch eine Lebensordnung, die in Übereinkunft mit dem Bischof erstellt und übernommen wird.

### *Offene Fragen – Versuche der Lösung*

Der c. 603 ist ein Beispiel dafür, wie gelebte, praktizierte Spiritualität die Gesetzgebung inspiriert und formt. Einige Fragen sind jedoch noch offen und werden in der nächsten Zeit weiter überlegt werden müssen. Dazu gehört sicher auch die eben erwähnte „Lebensregel" des Eremiten. Welche Punkte müsste eine solche Lebensordnung berücksichtigen?

Völlig ungeklärt scheint auch, wie und durch wen die Vorbereitung von solchen Kandidaten geschehen soll, die vor ihrer eremitischen Berufung nicht einige Jahre in einem monastischen oder kontemplativen Orden gelebt haben. Wie lange soll die Ausbildung dauern, was soll ihr Inhalt sein, nach welchen Kriterien erfolgt die Zulassung?

Über diese und andere Fragen praktischer Notwendigkeit, wie: Ort der Einsiedelei, Arbeit, Art der Arbeit, Versicherungen etc., hat man sich in Frankreich und Spanien schon länger Gedanken gemacht und Vorschläge erarbeitet. Immerhin schätzte man für Frankreich 1989 die Zahl der Eremiten auf 150, nach den Recherchen von 1993 in den einzelnen Diözesen sind es zusammen 118: 79 Frauen, davon 39 Nonnen und 25 Schwestern anderer Orden; 39 Männer, davon 18 Mönche, 10 sonstige Religiosen, 7 Diözesanpriester und 4 Laien.

Die zuständige französische Kommission schlägt vor, die Ausbildung könne in einem Kloster oder geistlicher Gemeinschaft stattfinden; der Kandidat oder die Kandidatin wird dem Oberen bzw. einer selbst gewählten Person anvertraut. Die Ausbildung soll neben der spirituellen Formung sowohl biblische wie patristische, theologische und liturgische Kenntnisse vermitteln. Man nahm damit gewissermaßen eine alte Regel wieder auf: Zur Zeit der ersten Eremiten im 4. Jahrhundert lernte man durch das Mitleben bei einem erfahrenen Altvater bzw. durch dessen geistliche Weisung. Später bestimmten Synoden in Ost und West, dass jemand im gemeinschaftlichen Leben die geistlichen Grundlagen erworben haben muss, bevor er das eremitische Leben aufnimmt. Man wusste, bei aller Hochschätzung, dass das einsame Leben Gefährdungen barg.

Die Kommission stellte auch einige Kriterien zusammen für die Prüfung einer Person auf die eremitische Berufung hin:

Handelt es sich um ein ausschließlich subjektives Verlangen oder die Suche nach einem geistlichen Gut nur für sich allein? Liegt evtl. die Projektion eines Ideals vor? Gründet der Wunsch nach dem eremitischen Leben in einer geistlichen Erfahrung, die in Begleitung eines erfahrenen Menschen gemacht wurde? Besteht Verbindung zu einer geistlichen Kommunität, einer Pfarrei o. ä.? Das Urteil von Personen, welche den Kandidaten oder die Kandidatin gut kennen, ist nicht unwichtig.

Risiken, die aus der Geschichte einer Person stammen, müssen abgewogen werden; denn das eremitische Leben verstärkt u. U. bereits vorhandene (ungute) Tendenzen und fördert möglicherweise irrige Vorstellungen. Zu fragen wäre auch, wie lange die betreffende Person schon auf der Suche ist. Zeigt sie – was den Wunsch nach dem eremitischen Leben angeht – exzessive Ungeduld oder Vertrauen in das Urteil der Kirche? Hat der Interessent überhaupt schon Erfahrungen mit Einsamkeit, Schweigen, Gebet in Einsamkeit gemacht? Ist er seelisch im Gleichgewicht? Ist er bereit, Beziehung mit einer ihm angewiesenen Kommunität aufzunehmen, um dorthin regelmäßig Kontakt zu haben? Ist ihm klar, dass er selbst arbeiten und arm leben muss? Und dass er auf sich gestellt ist?

Ähnlich wie im Falle des c. 604, der Consecratio virginum, lässt der Eremitenkanon große Freiheit für die jeweils konkrete Regelung. Diese Freiheit entspricht dem Stand der Eremiten und ist notwendig. Dennoch wäre es sicher angebracht, z. B. auf der Ebene der Bischofskonferenzen, einige Leitlinien zu erarbeiten, wie es für die Virgines bereits geschehen ist. Solche Leitlinien könnten sowohl dem einzelnen Bischof Orientierungshilfe sein, wie auch den Personen, die eine solche Berufung für sich erwägen.

## *Anmerkungen*

1 Evagrios Pontikos, Über die acht Gedanken, Würzburg 1992, eingeleitet und übersetzt von Pater Gabriel Bunge, S. 55.
2 Ebenda S. 82.
3 Interview mit Pater Wolfgang M. Götz in der Zeitung ‚Bewegung' der Schweizer Schönstattfamilie.
4 Ebenda.
5 Brief an die Autorin vom 11. 6. 2000.
6 Informationen bei: Schönstattpatres, Berg Sion 2, 56179 Vallendar, Tel.: 0261/68022 oder: www.schoenstattpatres.de.
7 Interview s. Anmerkung 3.
8 Gertrudis Schinle, Eremitisches Leben in der Klause Egg, Leutesdorf 1972, S. 12 und 13.
9 Ebenda S. 27.
10 Konstitutionen des Werkes „Wachet und Betet", S. 9.
11 Serge Bonnet/Bernard Gouley, Gelebte Einsamkeit, Eremiten heute, Freiburg 1982, S. 7f.
12 Konstitutionen „Wachet und Betet", S. 11.
13 Apophthegmata patrum, übersetzt von Bonifaz Miller, Nr. 298.
14 Thomas Merton, Zeiten der Stille, Herausgeber Bernhardin Schellenberger, Freiburg 1992, S. 120.
15 Friedrich Schreiber, Auf den Spuren mittelalterlicher Frömmigkeit, Klusen und Klausner, Holzminden 1989, S. 7f.
16 Klaus Schatz SJ, Vorlesungen WS 4/85, S. 15.
17 Geschichte der christlichen Spiritualität, Bd. I, Herausgeber Bernard McGinn, Würzburg 1993, S. 119.
18 Hans Urs von Balthasar, Die großen Ordensregeln, Einsiedeln $^{6}$1988, S. 235.
19 Erbe und Auftrag, 46/1970, S. 200.
20 Philipp Hofmeister, Eremiten in Deutschland, Festschrift „Wahrheit und Verkündigung" für Michael Schmaus zum 70. Geburtstag, Hrsg. Leo Scheffczyk, Bd. II, München 1967, S. 1198.
21 Pater Gereon Goldmann OFM, Tödliche Schatten – Tröstendes Licht, Bergisch Gladbach 1990, S. 237.
22 Missio aktuell 6/95.
23 Toni Görtz, missio aktuell, Interview mit Martin Happe, Bischof von Nouakchott, Mauretanien.
24 Thomas Merton, s. Anmerkung 14, S. 18.
25 Erbe und Auftrag 46/1970, S. 269f.
26 Geist und Leben 3/1995, S. 216–233.
27 Gertrudis Schinle, Eremitische Spiritualität, Leutesdorf 1973, S. 36.
28 Ebenda S. 42.

[29] Die Wolke des Nichtwissens, übertragen und eingeleitet von Wolfgang Riehle, Einsiedeln [4]1991, S. 36.
[30] Konstitutionen des Werkes Wachet und Betet, S. 10.
[31] Ebenda S. 33.
[32] Thomas Merton, Keiner ist eine Insel, Zürich/Einsiedeln/ Köln 1979, S. 229.
[33] Karl Rahner, Was heißt Auferstehung?, Freiburg [2]1986, S. 21.
[34] Bonnet/Gouley, s. Anmerkung 13, S. 149f.
[35] Bernhardin Schellenberger, s. Anm.11, Nachwort zur deutschen Ausgabe, S. 188
[36] Jaques Lacarrière, Gottesnarren, Innsbruck 2004, S. 8
[37] Otto F. Meinardus, Wüstenväter des 20. Jahrhunderts, Würzburg 1983
[38] Ebenda S. 23
[39] Ebenda S. 63
[40] Ebenda S. 169
[41] Ebenda S. 178
[42] Missio aktuell, Heft 2/04, S. 15
[43] Rahner/Vorgrimler, Kleines Konzilskompendium Freiburg 1966, S. 318
[44] Wertvolle Hinweise verdanke ich hier Zoran Leskovac aus seinen Ausarbeitungen zur Lizentiatsarbeit zum Thema: ‚Solitudo. Erfahrung und Ort der Einsamkeit von der griechisch-römischen Antike bis 1000'. Lizentiatsarbeit zur Erlangung des Lizentiates der Katholisch-Theologischen Fakultät der Ludwig-Maximilian-Universität München, Sommersemester 2001.
[45] Friedrich Rehkopf, Septuagintavokabular Göttingen 1989, S. 202
[46] Wobei mit diesem Ausspruch natürlich auch gemeint sein kann, dass Antonios wohl die Hl. Schrift besaß und las, sich aber für unverständig hielt, s. Anm.17; vgl. dazu aber auch: Evagrius Pontikus, Praktikos, Nr. 92, S. 68
[47] Apophthegmata patrum, Nr. 67, vgl. Anmerkung Nr. 13
[48] Ebenda 434
[49] Ebenda 1016
[50] Ebenda 906
[51] Lacarrière, S. 172
[52] Rolf Zerfaß, Christliche Gemeinde – Heimat für alle? Bedingungen und Möglichkeiten aus der Sicht Praktischer Theologie. aus: Kirche als Heimat, Würzburger Domschulreihe, Günter Koch/Josef Pretscher (Hrsg.), Würzburg 1991, S. 38f
[53] Kleines Konzilskompendium, vgl. Anm. 42, S. 127f
[54] Schellenberger, vgl. Anm. 11, S. 182
[55] Thomas Merton, vgl. Anm. 14

[56] Thomas Merton, Asiatisches Reisetagebuch, Zürich 1987, S. 91
[57] Ausführlicher dazu mit Literaturhinweisen und Quellenangaben: M. Schlosser, Solus cum solo. Eremiten gestern und heute, in: Ordenskorrespondenz 37 (1996), S. 188–212; F. Kalde, Die Eremiten im Recht der katholischen Ostkirchen, ebd., S. 213–217.

## *Literaturhinweise*


Apophthegmata Patrum, übersetzt von Bonifaz Miller OSB.

Bagin, Martirij / Thiermeyer, Andreas-Abraham (Hrsg.) Meterikon, Die Weisheit der Wüstenmütter, Augsburg 2004.

Bamberg, Corona, Was Menschsein kostet, Aus der Erfahrung frühchristlicher Mönche gedeutet, Mainz 2001.

Bunge, Gabriel, Drachenwein und Engelsbrot, Die Lehre des Evagrios Pontikos über Zorn und Sanftmut. Würzburg 1999.

Ders., Irdene Gefäße. Die Praxis des persönlichen Gebetes nach der Überlieferung der heiligen Väter, Würzburg [3]1999.

Brunert, Maria-Elisabeth, Das Ideal der Wüstenaskese und seine Rezeption in Gallien, Münster 1994.

Carretto, Carlo, Wo der Dornbusch brennt, Freiburg [5]1973.

Foucauld, Charles de, Entschlüsse aus der Stille, München/ Zürich/Wien 1981.

Ilarion, Schimonach, Auf den Bergen des Kaukasus, Gespräch zweier Einsiedler über das Jesus-Gebet, Salzburg 1991

Kaffanke, Jakobus (Hrsg.) Zu den Quellen. Die Spiritualität der Wüstenväter und des heiligen Benedikt, Tagungsberichte der Katholischen Akademie der Erzdiözese Freiburg, Freiburg [2]1998.

Ders., „Neige das Ohr deines Herzens!". Gebet und Meditation bei den Wüstenvätern, Tagungsberichte der Katholischen Akademie, Freiburg 1999.

Ders. (Hrsg.), „... weil sie mehr liebte." Frauen im frühen Mönchtum. Tagungsberichte der Beuroner Tage für Spiritualität und Mystik, Beuron 2002

Lacarrière, Jaques Die Gottesnarren, Aus dem Leben der Wüstenväter, Innsbruck 2004

Meinardus, Otto F., Die Wüstenväter des 20.Jahrhunderts, Gespräche und Erlebnisse Würzburg 1983.

Merton, Thomas, Keiner ist eine Insel, Zürich/Einsiedeln/Köln 1979.

Ders., Zeiten der Stille, ausgewählt, herausgegeben und erläutert von Bernhardin Schellenberger, Freiburg 1992.

Ders., Meditationen eines Einsiedlers, Zürich/Einsiedeln/Köln [2]1979.

Palladius, Historia Lausiaca, herausgegeben und übersetzt von Jaques Lager, Zürich 1987.

Ponticus, Evagrius, Praktikos, Über das Gebet, Übersetzung und Einleitung von Eudes Bamberger OSCO, Münsterschwarzach 1986.

Ders., Über die acht Gedanken, eingeleitet und übersetzt von Gabriel Bunge, Würzburg 1992.

Satory, Gertrud und Thomas, Johannes Cassian. Einweisung in das christliche Leben, Band I–III, Texte zum Nachdenken, Freiburg 1981/1983/1984.

Schinle, Gertrudis, Eremitisches Leben in der Klause Egg, Leutesdorf 1972.

Dies., Eremitische Spiritualität, Leutesdorf 1973.

Schneider, Michael, Aus den Quellen der Wüste, Die Bedeutung der frühen Mönchsväter für eine Spiritualität heute, Köln 2002

Wo die Wüste erblüht. Aus dem Erfahrungsschatz eines Einsiedlermönches, München/Zürich/Wien $^{2}$1991.